朱自清书评集

朱自清 著

苏州新闻出版集团

古吴轩出版社

图书在版编目（CIP）数据

朱自清书评集 / 朱自清著 . -- 苏州：古吴轩出版社，2018.8
（2024.4重印）
　（回望朱自清）
　ISBN 978-7-5546-1189-0

Ⅰ . ①朱… Ⅱ . ①朱… Ⅲ . ①书评－中国－现代－选集
Ⅳ . ① G236

中国版本图书馆 CIP 数据核字（2018）第 173377 号

责任编辑：蒋丽华
见习编辑：顾　熙
丛书主编：陈　武
策　　划：罗路晗
封面题签：葛丽萍
装帧设计：鸿儒文轩·书心瞬意

书　　名：朱自清书评集
著　　者：朱自清
出版发行：苏州新闻出版集团
　　　　　古吴轩出版社
　　　　　地址：苏州市八达街118号苏州新闻大厦30F
　　　　　电话：0512-65233679　　邮编：215123
出 版 人：王乐飞
印　　刷：三河市华东印刷有限公司
开　　本：787mm×1092mm　1/32
印　　张：5.75
版　　次：2018 年 8 月第 1 版
印　　次：2024 年 4 月第 3 次印刷
书　　号：ISBN 978-7-5546-1189-0
定　　价：48.00 元

如有印装质量问题，请与印刷厂联系。18611130373

编者说明

如果说好的书籍能给我们打开通往知识、智慧和美的大门，那么好的书评就会给我们打开通往这些书籍的大门。朱自清先生对书评的写作是非常重视的，他的书评如同他绝大多数的散文，真实自然又老实严谨、不乏风趣。阅读他的书评，就仿佛看到一个诚恳、正直、谦虚而又认真的作者，所以这本书评，对研究朱自清的作品和为人也是很有帮助的。

在编辑本书时，我们以 1983 年三联书店出版的《朱自清序跋书评集》的"书评"部分为底本，对其中的异体字和繁体字进行了修改，但对于当时的翻译词汇、"象""那""得""勒""底""沈溺""气分""怎们""甚么"等词的用法及标点的运用则仍保持先生的原文。由于编者能力有限，有不足之处，敬请读者指正。

2018 年 7 月

目录

《山野掇拾》

　　我最爱读游记。现在是初夏了；在游记里却可以看见烂漫的春花，舞秋风的落叶……——都是我惦记着，盼望着的！这儿是白马湖；读游记的时候，我却能到神圣庄严的罗马城，纯朴幽静的 Loisieux 村——都是我羡慕着，想象着的！游记里满是梦："后梦赶走了前梦，前梦又赶走了大前梦"①，这样地来了又去，来了又去，象树梢的新月，象山后的晚霞，象田间的萤火，象水上的箫声，象隔座的茶香，象记忆中的少女，这种种都是梦。我在中学时，便读了康更甡的《欧洲十一国游记》，——实在只有（？）意大利游记——当时做了许多好梦；邦淠

---

　　① 唐俟先生诗句。

故城最是我低徊留恋而不忍去的！那时柳子厚的山水诸记，也常常引我入胜。后来得见《洛阳伽蓝记》，记诸寺的繁华壮丽，令我神往；又得见《水经注》，所记奇山异水，或令我惊心动魄，或让我游目骋怀。（我所谓"游记"，意义较通用者稍广，故将后两种也算在内。）这些或记风土人情，或记山川胜迹，或记"美好的昔日"，或记美好的今天，都有或浓或淡的彩色，或工或泼的风致。而我近来读《山野掇拾》，和这些又是不同：在这本书里，写着的只是"大陆的一角"，"法国的一区"，并非特著的胜地，脍炙人口的名所；所以一空依傍，所有的好处都只是作者自己的发见！前举几种中，只有柳子厚的诸作也是如此写出的；但柳氏仅记风物，此书却兼记文化——如 Vicard 序中所言，所谓"文化"，也并非在我们平日意想中的庞然巨物，只是人情之美；而书中写 Loisieux 村的文化，实较风物为更多：这又有以异乎人。而书中写 Loisieux 村的文化，实在也非写 Loisieux 村的文化，只是作者孙福熙先生暗暗地巧巧地告诉我们他的哲学，他的人生哲学。所以写的是"法国的一区"，写的也就是他自己！他自己说得好：

我本想尽量掇拾山野风味的，不知不觉的掇拾了许多掇拾者自己。（原书二六一页。）

但可爱的正是这个"自己"，可贵的也正是这个"自己"！

孙先生自己说这本书是记述"人类的大生命分配于他的式样"的，我们且来看看他的生命究竟是什么式样？世界上原有两种人：一种是大刀阔斧的人，一种是细针密线的人。前一种人真是一把"刀"，一把斩乱麻的快刀！什么纠纷，什么葛藤，到了他手里，都是一刀两断！——正眼也不去瞧，不用说靠他理纷解结了！他行事只看准几条大干，其余的万千枝叶，都一扫个精光；所谓"擒贼必擒王"，也所谓"以不了了之"！英雄豪杰是如此办法：他们所图远大，是不屑也无暇顾念那些琐细的节目！蠢汉笨伯也是如此办法，他们却只图省事！他们的思力不足，不足剖析入微，鞭辟入里；如两个小儿争闹，做父亲的更不思索，便照例每人给一个耳光！这真是"不亦快哉"！但你我若既不能为英雄豪杰，又不甘做蠢汉笨伯，便自然而然只能企图做后一种人。这种人凡事要问底细；"打破沙缸问到底！还要问沙缸从那里起？"他们于一言一动之微，一沙一石之细，都不轻轻放过！从前人将桃核雕成一只船，船上有苏东坡、黄鲁直、佛印等；或于元旦在一粒芝麻上写"天下太平"四字，以验目力，便是这种脾气的一面。他们不注重一千一万，而注意一毫一厘；他们觉得这一毫一厘便是那一千一万的具体而微——只要将这一毫一厘看得透彻，正和照相的放大一样，其余也可想见了。他们所以于每事每物，必要拆开来看，拆穿来看；无论锱铢之别，淄渑之辨，总要看出而后已，正如显微镜一样。这样可以辨出许多新异的滋味，乃是他们独得的秘密！总之，他们对于怎样微渺的事物，都觉吃惊；而常人则熟视无睹！故他们是常人而又有以异乎常人。这两种人——孙先生，画家，若容我用中国画来比，我将说前者是"泼笔"，后者是"工笔"。孙先生自己是"工笔"，是后一种人。他的朋友号他为"细磨细琢的春台"，真不错，他的全部都在这儿了！他纪念他的姑母和父亲，他说他们以细磨细琢的工夫传授给他，然而他远不如他们了。从他的父亲那里，他"知道一句话中，除字面上的意思之外，还有别的话在这里边，只听字面，还远不能听懂说话者的意思哩"。这本书的长处，也就在"别的话"这一点；乍看岂不是淡淡的？缓缓咀嚼一番，便会有浓密的滋味从口角流出！你若看过瀼瀼的朝露，皱皱的水波，茫茫的冷月，薄薄的女衫，你若吃过上好的皮丝，鲜嫩的毛笋，新制的龙井茶，你一定懂得我的话。

我最觉得有味的是孙先生的机智。孙先生收藏的本领真好！他收藏着怎样多的虽微末却珍异的材料，就如慈母收藏果饵一样；偶然拈出一两件来，令人惊异他的富有！其实东西本不稀奇，经他一收拾，便觉不凡了。他于人们忽略的地方，加倍地描写，使你于平常身历之境，也会有惊异之感。他的选择的工夫又高明；那分析的描写与精彩的对话，足以显出他敏锐的观察力。所以他的书既富于自己的个性，一面也富于他人的个性，无怪乎他自己也会觉得他的富有了。他的分析的描写含有论理的美，就是精严与圆密；象一个扎缚停当的少年武士，英姿飒爽而又妩媚可人！又象医生用的小解剖刀，银光一闪，骨肉判然！你或者觉得太琐屑了，太腻烦了；但这不是腻烦和琐屑，这乃是悠闲（idle）。悠闲也是人生的一面，其必要正和不悠闲一样！他的对话的精彩，也正在悠闲这一面！这才真是 Loisieux 村人的话，因为真的乡村生活是悠闲的。他在这些对话中，介绍我们面晤一个个活泼泼的 Loisieux 村人！总之，我们读这本书，往往能由几个字或一句话里，窥见事的全部，人的全性；这便是我所谓"孙先生的机智"了。孙先生是画家。他从前有过一篇游记，以"画"名文，题为《赴法途中漫画》①；篇首有说明，深以作文不能如作画为恨。其实他只是自谦；他的文几乎全是画，他的作文便是以文字作画！他叙事，抒情，写景，固然是画；就是说理，也还是画。人家说"诗中有画"，孙先生是文中有画；不但文中有画，画中还有诗，诗中还有哲学。

我说过孙先生的画工，现在再来说他的诗意——画本是"无声诗"呀。他这本书是写民间乐趣的；但他有些什么乐趣呢？采葡萄的落后是一；画风柳，纸为风吹，画瀑布，纸为水溅是二；与绿的蚱蜢，黑的蚂蚁等"合画"是三。这些是他已经说出的，但重要的是那未经说出的"别的话"；他爱村人的性格，那纯朴，温厚，乐天，勤劳的性格。他们"反直不想与人相打"；他们不畏缩，不鄙夷，爱人而又自私，藏匿而又坦白；他们只是作工，只是太作工，"真的不要自己的性命！"——非为衣食，也非不为衣食，只是浑然的一种趣味。这些正都是他们健全的地方！你或者要笑他们没有理想，如书中R君夫妇之笑他们雇来的工人；但"没有理想"的可笑，不见得比"有理想"的可笑更甚——在现在的我们，"原始的"与"文化的"实觉得一般可爱。而这也并非全为

————————

① 曾载《晨报副刊》及《新潮》。

了对比的趣味，"原始的"实是更近于我们所常读的诗，实是"别有系人心处"！譬如我读这本书，就常常觉得是在读面熟得很的诗。"村人的性格"还有一个"联号"，便是"自然的风物"。孙先生是画家，他之爱自然风物，是不用说的；而自然的风物便是自然的诗，也似乎不用说的。孙先生是画家，他更爱自然的动象，说也是一种社会的变幻。他爱风吹不绝的柳树，他爱水珠飞溅的瀑布，他爱绿的蚱蜢，黑的蚂蚁，赭褐的六足四翼不曾相识的东西；它们虽怎样地困苦他，但却是活的画，生命的诗！——在人们里，他最爱老年人和小孩子。他敬爱辛苦一生至今扶杖也不能行了的老年人，他更羡慕见火车而抖的小孩子。是的，老年人如已熟的果树，满垂着沈沈的果实，任你去摘了吃；你只要眼睛亮，手法好，必能果腹而回！小孩子则如刚打朵儿的花，蕴藏着无穷的允许：这其间有红的、绿的，有浓的、淡的，有小的、大的，有单瓣的、重瓣的，有香的、不香的，有努力开花的，有努力结实的——结女人脸的苹果，黄金的梨子，珠子般的红樱桃，璎珞般的紫葡萄……而小姑娘尤为可爱！——读了这本书的，谁不爱那叫喊尖利的"啊"的小姑娘呢？其实胸怀润朗的人，什么于他都是朋友：他觉得一切东西里都有些意思，在习俗的衣裳底下，躲藏着新鲜的身体。凭着这点意思去发展自己的生活，便是诗的生活。"孙先生的诗意"，也便在这儿。

在这种生活的河里伏流着的，便是孙先生的哲学了。他是个含忍与自制的人，是个中和的（moderate）人；他不能脱离自己，同时却也理会他人。他要"尽量的理会他人的苦乐，——或苦中之乐，或乐中之苦，——免得眼睛生在额上的鄙夷他人，或胁肩谄笑的阿谀他人"。因此他论城市与乡村，男子与女子，团体与个人，都能寻出他们各自的长处与短处。但他也非一味宽容的人，象"烂面糊盆"一样；他是不要阶级的，他同情于一切——便是牛也非例外！他说：

> 我们住在宇宙的大乡土中，一切孩儿都在我们的心中；没有一个乡土不是我的乡土，没有一个孩儿不是我的孩儿！（原书六四页。）

这是最大的"宽容"，但是只有一条路的"宽容"——其实已不能叫做"宽容"了。在这"未完的草稿"的世界中，他虽还免不了疑虑与鄙夷，他虽鄙夷人间的争闹，以为和三个小虫的权利问题一样；但他到底能从他的"泪珠的镜中照见自己以至于一切大千世界的将来的笑影了"。他相信大生命是有希望的；他相信便是那"没有果实，也没有花"的老苹果树，那"只有折断而且曾经枯萎的老干上所生的稀少的枝叶"的老苹果树，"也预备来年开得比以前更繁荣的花，结得更香美的果！"在他的头脑里，世界是不会陈旧的，因为他能够常常从新做起；他并不长吁短叹，叫着不足，他只尽他的力做就是了。他教中国人不必自馁；真的，他真是个不自馁的人！他写出这本书是不自馁，他别的生活也必能不自馁的！或者有人说他的思想近乎"圆通"，但他的本意只是"中和"，并无容得下"调和"的余地；他既"从来不会做所谓漂亮及出风头的事"，自然只能这样缓缓地锲而不舍地去开垦他的乐土！这和他的画笔，诗情，同为他的"细磨细琢的功夫"的表现。

书中有孙先生的几幅画。我最爱《在夕阳的抚弄中的湖景》一幅；那是色彩的世界！而本书的装饰与安排，正如湖景之因夕阳抚弄而可爱，也因孙先生抚弄（若我猜得不错）而可爱！在这些里，我们又可以看见"细磨细琢的春台"呢。

（十四年六月。）

《白采的诗》

(《赢疾者的爱》)

　　爱伦坡说没有长诗这样东西；所谓长诗，只是许多短诗的集合罢了。因为人的情绪只有很短的生命，不能持续太久；在长诗里要体验着一贯的情绪是不可能的。这里说的长诗，大约指荷马史诗，弥尔登《失乐园》一类作品而言；那些诚哉是洋洋巨篇。不过长诗之长原无一定，其与短诗的分别只在结构的铺张一点上。在铺张的结构里，我们固然失去了短诗中所有的"单纯"和"紧凑"，但却新得着了"繁复"和"恢廓"。至于情绪之不能持续着一致的程度，那是必然；但让它起起伏伏，有方方面面的转折——以许多小生命合成一大生命流，也正是一种意义呀。爱伦坡似乎仅见其分，未见其合，故有无长诗之论。实则一篇长诗，固可说由许多短篇集成，但所以集成之者，于各短篇之外，仍必有物：那就是长诗之所以为长诗。

在中国诗里，象荷马、弥尔登诸人之作是没有的；便是较为铺张的东西，似乎也不多。新诗兴起以后，也正是如此。可以称引的长篇，真是寥寥可数。长篇是不容易写的；所谓铺张，也不专指横的一面，如中国所谓"赋"也者；是兼指纵的进展而言的。而且总要深美的思想做血肉才行。以这样的见地来看长篇的新诗，去年出版的《白采的诗》是比较的能使我们满意的。《白采的诗》实在只是《赢疾者的爱》一篇诗。这是主人公"赢疾者"和四个人的对话：在这些对话里，作者建筑了一段故事；在这段故事里，作者将他对于现在世界的诅咒和对于将来世界的憧憬，放下去做两块基石。这两块基石是从人迹罕到的僻远的山角落里来的，所以那故事的建筑也不象这世间所有；使我们不免要吃一惊，在乍一寓目的时候。主人公"赢疾者"是生于现在世界而做着将来世界的人的；他献身于生之尊严，而不妥协地没落下去。说是狂人也好，匪徒也好，妖怪也好，他实在是个最诚实的情人！他的"爱"别看轻了是"赢疾者的"，实在是脱离了现世间一切爱的方式而独立的；这是最纯洁，最深切的，无我的爱，而且不只是对于个人的爱——将来世界的憧憬也便在这里。主人公虽是"羸疾者"，但你看他的理想是怎样健全，他的言语又怎样明白，清楚。他的见解即使是"过求艰深"，如他的朋友所说；他的言语却决不"太茫昧"而"晦涩难解"，如他的朋友所说。这种深入显出的功夫，使这样奇异的主人公能与我们亲近，让我们逐渐的了解他，原谅他，敬重他，最后和他作同声之应。他是个会说话的人，用了我们平常的语言，叙述他自己特殊的理想，使我们不由不信他；他的可爱的地方，也就在这里。

故事是这样的：主人公"羸疾者"本来是爱这个世界的；但他"用情太过度了"，"采得的只有嘲笑的果子"。他失望了，他厌倦了，他不能随俗委蛇，他的枯冷的心里只想着自己的毁灭！正在这个当儿，他从漂泊的途中偶然经过了一个快乐的村庄，"遇见那慈祥的老人，同他的一个美丽的孤女"。他们都把爱给他；他因自己已是一个羸疾者，不配享受人的爱，便一一谢绝。本篇的开场正是那老人最后向主人公表明他的付托，她的倾慕；老人说得舌敝唇焦，他终于固执自己的意见，告别而去。她却不对他说半句话，只出着眼泪。但他早声明了，他是不能用他的手拭干她的眼泪的。"这怪诞的少年"回去见了他的母亲和伙伴，告诉他们他那"不能忘记的"，"只有一次"的奇遇，以及他的疑惧和忧虑。但他们都是属于"中庸"的类型的人；所以母亲劝他"弥缝"，伙伴劝他"诙诡，隐忍"。但这又有何用呢？爱他的那"孤女"撇下了垂老的父亲，不辞鸾远地跋涉而来；他却终于说，"我不敢用我残碎的爱爱你了！"他说他将求得"毁灭"的完成，偿足他"羸疾者"的缺憾。他这样了结了他的故事，给我们留下了永不解决的一幕悲剧，也便是他所谓"永久的悲哀"。

这篇诗原是主人公"羸疾者"和那慈祥的老人，他的母亲，他的伙伴，那美丽的孤女，四个人的对话。在这些对话里他放下理想的基石，建筑起一段奇异的故事；我已说过了。他建筑的方术颇是巧妙：开场时全以对话人的气象暗示事件的发展，不用一些叙述的句子；却使我们鸟瞰了过去，寻思着将来。这可见他弥满的精力。在第二节对话中，他才将往事的全部告诉我们，我们以为这就是所有的节目了。但第三节对话里，他又将全部的往事说给我们，这却另是许多新的节目；这才是所有的节目了。其实我们读第一节时，已知道了这件事的首尾，并不觉得缺少；到第三节时，虽增加了许多节目，却也并不觉得繁多——而且无重复之感，只很自然地跟着作者走。我想这是一件有趣的事，作者将那"慈祥的老人"和"美丽的孤女"分置在首尾两端，而在第一节里不让她说半句话。这固然有多少体制的关系，却也是天然的安排；若没有这一局，那"可爱的人"的爱未免太廉价，主人公的悲哀也决不会如彼深切的——那未免要减少了那悲剧的价值之一部或全部呢。至于作者的理想，原是灌注在全个故事里的，但也有特别鲜明的处所，那便是主人公在对话里尽力发抒己见的地方。这里主人公说的话虽也有议论的成分在内，但他有火热的情感，和凭着冰冷的理智说教的不同。他的议论是诗的，和散文的不同。他说的又那么从容，老实，没有大声疾呼的宣传的意味。他只是寻常的谈话罢了。但他的谈话却能够应机立说；只是浑然的一个理想，他和老人说时是一番话，和母亲说时又是一番话，和伙伴，和那"孤女"，又各有一番话。各人的话都贴切各人的身分，小异而有大同；相异的地方实就是相成的地方。本篇之能呵成一气，中边俱彻，全有赖于这种地方。本篇的人物共有五个，但只有两个类型；主人公独属于"全或无"的类型，其余四人共属于"中庸"的类型。四人属于一型，自然没有明了的性格；性格明了的只主人公一人而已。本篇原是抒情诗，虽然有叙事的形式和说理的句子；所以重在主人公自己的抒写，别的人物只是道具罢了。这样才可绝断众流，独立纲维，将主人公自己整个儿一丝不剩地捧给我们看。

本篇是抒情诗，主人公便是作者的自托，是不用说的。作者是个深于世故的人：他本沈溺于这个世界里的，但一度尽量地泄露以后，只得着许多失望。他觉着他是"向恶人去寻求他们所没有的"，于是开始厌倦这残酷的人间。他说：

> 我在这猥琐的世上，一切的见闻，
> 丝毫都觉不出新异；
> 只见人们同样的蠢动罢了。

而人间的关系，他也看得十二分透彻；他露骨地说：

> 人们除了相贼，
> 便是相需着玩偶罢了。

所以

> 我是不愿意那相贼的敌视我，

但也不愿利用的俳优蓄我；

人生旅路上这凛凛的针棘，

我只愿做这村里的一个生客。

看得世态太透的人，往往易流于玩世不恭，用冷眼旁观一切；但作者是一个火热的人，那样不痛不痒的光景，他是不能忍耐的。他一面厌倦现在这世界，一面却又舍不得它，希望它有好日子；他自己虽将求得"毁灭"的完成，但相信好日子终于会到来的，只要那些未衰的少年明白自己的责任。这似乎是一个思想的矛盾，但作者既自承为"羸疾者""颠狂者"，却也没有什么了。他所以既于现世间深切地憎恶着，又不住地为它担忧，你看他说：

我固然知道许多青年，

受了现代的苦闷，

更倾向肉感的世界！

但这漫无节制的泛滥过后，

我却怀着不堪隐忧；

——纵弛！

——衰败！

这便是我不能不呼号的了。

这种话或者太质直了，多少带有宣传的意味，和篇中别的部分不同；但话里面却有重量，值得我们几番的凝想。我们可以说这寥寥的几行实为全篇的核心，而且作诗的缘起也在这里了。这不仅我据全诗推论是如此，我还可请作者自己为我作证。我曾见过这篇诗的原稿，他在第一页的边上写出全篇的大旨，短短的只一行多些，正是这一番意思。我们不能忽视这一番意思，因为从这里我们可以看出他实在是真能爱这世界的，他实在是真能认识"生之尊严"的。

　　他说：

　　　　但人类求生是为的相乐，
　　　　不是相呴相濡的苟活着。
　　　　既然恶魔所给我们精神感受的痛苦已多，
　　　　更该一方去求得神赐我们本能的享乐。
　　　　然而我是重视本能的受伤之鸟，
　　　　我便在实生活上甘心落伍了！

他以为"本能的享乐尤重过种族的繁殖"；人固要有"灵

的扩张"，也要"补充灵的实质"。他以为

> 这生活的两面，
> 我们所能实感着的，有时更有价值！

但一般人不能明白这"本能的享乐"的意味，只"各人求着宴安"，"结果快乐更增进了衰弱"，而

> 羸弱是百罪之源，
> 阴霾常潜在不健全的心里。

所以他有时宁可说：

> 生命的事实，
> 在我们所能感觉得到的，
> 我终觉比灵魂更重要呢。"

他既然如此地"拥护生之尊严"，他的理想国自然是在地上；他想会有一种超人出现在这地上，创造人间的天国。他想只有理会得"本能的享乐"的人，才能够彼此相乐，才能够彼此相爱；因为在"健全"的心里没有阴霾的潜

在的。只有这班人，能够从魔王手里夺回我们的世界。作者的思想是受了尼采的影响的；他说"本能的享乐"，说"离开现实便没有神秘"，说"健全的人格"，我们可以说都是从尼采"超人就是地的意义"一语蜕化而出。但作者的超人——他用"健全的人格"的名词——究竟是怎样一种人格呢？我让他自己说：

> 你须向武士去找健全的人格；
> 你须向壮硕像婴儿一般的去认识纯真的美。
> 你莫接近狂人，会使你也受了病的心理；
> 你莫过信那日夜思想的哲学者，
> 他们只会制造些诈伪的辩语。

这是他的超人观的正负两面。他又说：

> 我们所要创造的，不可使有丝毫不全；
> 真和美便是善，不是亏蚀的。

这却是另一面了。他因为盼望超人的出现，所以主张"人母"的新责任：

> 这些"新生"，正仗着你们慈爱的选择；
>
> 这庄严无上的权威，正在你们丰腴的手里。

但他的超人观似乎是以民族为出发点的，这却和尼采大大不同了！

作者虽盼望着超人的出现，但他自己只想做尼采所说的"桥梁"，只企图着尼采所说的"过渡和没落"。因为

> 我所有的不幸，无可救药！
>
> 我是——
>
> 心灵的被创者，
>
> 体力的受病者，
>
> 放荡不事生产者，
>
> 时间的浪费者；
>
> ——所有弱者一切的悲哀，
>
> 都灌满了我的全生命！

而且

> 我的罪恶如同黑影，

它是永远不离我的！
　　痛苦便是我的血，
　　一点一点滴污了我的天真。

他一面受着"世俗的夹拶"，一面受着"生存"的抽打和警告，他知道了怎样尊重他自己，完全他自己。

　　自示孱弱的人，
　　反常想胜过了一切强者。

他所以坚牢地执着自己，不肯让他慈爱的母亲和那美丽的孤女一步。我最爱他这一节话：

　　既不完全，
　　便宁可毁灭；
　　不能升腾，
　　便甘心沈溺；
　　美锦伤了蠹穴，
　　先把他焚裂；
　　钝的宝刀，
　　不如断折；

母亲：
　　我是不望超拔的了！

他是不望超拔的了；他所以不需要怜悯，不需要一切，只向着一条路上走。

　　除了自己毁灭，
　　便算不了完善。

他所求的便是"毁灭"的完成，这是他的一切。所谓"毁灭"，尼采是给了"没落"的名字，尼采曾借了查拉图斯特拉的口说：

　　我是爱那不知道没落以外有别条生路的人；因为那是想要超越的人。

作者思想的价值，可以从这几句话里估定它。我说那主人公生于现在世界而做着将来世界的人，也便以这一点为立场。这自然也是尼采的影响。关于作者受了尼采的影响，我曾于读本篇原稿后和一个朋友说及。他后来写信告诉作者，据说他是甚愿承认的。

篇中那老人对主人公说：

> 你的思想是何等剽疾不驯，
> 你的话语是何等刻覈？

这两句话用来批评全诗，是很适当的。作者是有深锐的理性和远到的眼光的人；他能觉察到人所不能觉察的。他的题材你或许会以为奇僻，或许会感着不习惯；但这都不要紧，你自然会渐渐觉到它的重量的。作者的选材，多少是站在"优生"的立场上。"优生"的概念是早就有了的，但作者将它情意化了，比人更深入一层，便另有一番声色。又加上尼采的超人观，价值就更见扩大了。在这一点上，作者是超出了一般人，是超出了这个时代。但他的理性的力量虽引导着他绝尘而驰，他的情意却不能跟随着他。你看他说：

> 但我有透骨髓的奇哀至痛，
> ——却不在我所说的言语里！

其实便是在他的言语里，那种一往情深缠绵无已的哀痛之意，也灼然可见。那无可奈何的光景，是很值得我们低徊留恋的。虽然他"常想胜过了一切弱者"，虽然他怎样的嘴硬，但中干的气象，苶弱的情调，是显然不曾能避免了的。因袭的网实在罩得太密了，凭你倔强，也总不能一下就全然挣脱了的。我们到底都是时代的儿子呀！我们以这样的见地来论作者，我想是很公平的。

（十五年八月二十七日。）

《熬波图》

近来读了元朝陈椿的《熬波图》。这是一本有趣的书，记着那时松江一带煎盐的生活。

这本书现在印入罗振玉氏《吉石盦丛书初集》，系珂罗版影印。但《熬波图诗》却早已载入《两浙盐法志艺文类》；罗氏《雪堂丛刻》中也有《熬波图咏》，诗前的"说"，一并录载。罗氏记云：

> 元陈椿《熬波图》一卷，《四库》著录，乃馆臣就《永乐大典》辑录，中缺五图；其书盖久佚矣。今年春，有以此图二巨册乞售者，乃定邸旧藏。图至精细；前冠《提要》，后署"焦秉贞恭绘"款。《提要》成于乾隆中叶以后，焦秉贞则圣祖时

已待诏画院；无出自秉贞之理。殆嘉庆朝画院诸臣就《大典》本临摹，后人妄增焦款也。念此书藏于"中秘"，人间不得而窥，而宋元间人记述制盐之书，绝无传者；因录其题咏，付之手民——其图精细，不能摹写付印，为可憾也！宣统甲寅六月。

但两年后这本"精细"的图便印出来了，这使现在读着的我们很高兴的！

《提要》云：

《熬波图》，元陈椿撰。椿，天台人，始末未详。此书乃元统①中椿为下砂场盐司，因前提干旧图而补成者也。自《各团灶座》至《起运散盐》，为图四十有七。图各有说，后系以诗。凡晒灰，打卤之方，运薪，试莲之细，纤悉必具。亦楼璹《耕织图》，曾之谨《农器谱》之流亚也。

序言地有瞿氏，唐氏，为盐场提干；讳守仁而佚其姓。考云间旧志，瞿氏实下砂望族。……然作是图者，不知为谁。至唐氏，则旧志不载，无可

---

① "元顺帝年号"。

考见矣。诸图绘画颇工,《永乐大典》所载,已经传摹,尚存矩度。惟原缺五图,世无别本,不可复补。……盖原本已佚脱也。

《提要》说陈椿"因前提干旧图而补成"此图,这是据陈自序。事情是这样的:

> 浙之西,华亭东,百里,实为下砂;滨大海,枕黄浦,距大塘,襟带吴松,扬子二江;直走东南,皆斥卤之地——煮海作盐,其来尚矣。宋建炎中,始立盐监。地有瞿氏,唐氏之祖,为监场,为提干者。至元丙子,又为土著,相副"管勾"官,皆无其任者也。

> 提干讳守仁,号乐山;弟守义,号鹤山。……鹤山尤为温克,端有古人风度,……授忠显校尉,海道运粮千户。深知煮海渊源,风土异同,法度终始;命工绘为长卷,命曰《熬波图》。将使后人知煎盐之法,工役之劳,而垂于无穷也。惜乎辞世之急!

> 仆曩吏下砂场盐司,暇日访其子,讳天禧,号敬斋,于众绿园堂(《两浙盐法志》所载无"堂"字)出示其父所图草卷,披览之余,了然在目,如

示诸掌。呜呼，信知仁民之心，如是其大乎！

……

今观斯图，真可谓得其情，备而详矣。然而浙东竹盘之殊，改法立仓之异，犹未及焉。敬斋慨然属椿而言曰："成先君之功者，子也；子其为我全其帙而成其美"云。椿辞不获已，敬为略者详之，缺者补之。

图几成而敬斋下世。至顺庚午，始得大备；行锓诸梓，垂于不朽。……有意于爱民者，将有感于斯图，必能出长策以苏民力；于国家之治政，未必无小补云。

细看此篇所叙，图是提干的兄弟命工绘画，与提干是无关的。《提要》中"因前提干旧图而补成"一语，似有错误。这位原作者鹤山，我们现在还无法知道他的姓氏，实为遗憾。续作者陈椿，自然更是要紧。鹤山的图，只是"草卷"，到他手里，才成完书。但我们也不能知道他的全部的历史。《提要》里说的，全据他的自序，于我们毫无帮助；此外只有元朝陈旅（此人颇有文名）作的《运司同知睢阳赵公（知章）德政碑记》(《两浙盐法志·艺文》三）里有"民感之（赵）不忘，……属寓士陈椿来征予文纪之"一语。这时是元顺帝至元中，已在《熬波图》成书后好几年了。赵知章是松江分司；可知陈椿那时还在松江（华亭）住着呢。

现在我将书中四十七图分为十组；让我们看看"熬波"这一件事里，共包含几个程序：

一、盖造房舍。计《各团①灶舍》《筑垒围墙》《起盖灶舍》《团内便仓》四图。

二、裹筑灰淋及池井。计《裹筑灰淋》《筑垒池井》《盖池井屋》三图。

三、引入海水。计《开河通海》《坝堰蓄水》《就海引潮》《筑护海岸》《车接海潮》《疏浚潮沟》六图。

四、辟治摊场。计《开辟摊场》《车水耕平》《敲泥拾草》《海潮浸灌》《削土取平》《棹水泼水》六图。

五、晒灰淋卤。计《担灰摊晒》《筱灰取匀》《筛水晒灰》《扒扫聚灰》《担灰入淋》《淋灰取卤》六图。

六、载卤入团。计《卤船盐船》《打卤入船》《担载运盐》《打卤入团》四图。

七、斫柴运柴。计《樵斫柴薪》《束缚柴薪》《砍斫

---

① 煎盐之所。

柴车》《塌车辖车》《人车运柴)，《辖车运柴》六图。

八、冶制铁盘。计《铁盘模样》《铸造铁柈（同"盘")》《砌柱承柈》《排凑盘面》《炼打草灰》《装泥柈缝》六图。

九、煎盐。计《上卤煎盐》《捞洒撩盐》《乾柈起盐》《出扒生灰》四图。

十、收盐运盐。计《日收散盐》《起运散盐》二图。书中《筑垒围墙》和《起运散盐》二图互舛，不知是何时弄错的。

又以书中所载与《两浙盐法志》较,《盐法志》有诗无说，前经述及；但在《熬波图诗》之前，却多《题熬波图》一诗，与前者并题为陈椿作。这首诗说他作书之旨，与自序所说相通，是很重要的。诗云：

> 钱塘江水限吴越，三十四场分两浙：五十万引课重难，九千六百户优劣。火伏[①]上中下三则，煎连春夏秋九月，程严赋足在恤民，盐是土人口下血！

---

　　①　火之起伏也；一火伏出盐若干，有定额。上中下则，系指旺月（如阴历六月）、淡月而言。

这一本《熬波图》有三种价值，我们可从三方面论之：一是政治的，二是学术的，三是艺术的。《提要》列入"史部""政书类"，是着重它政治的一面。

陈椿序中述鹤山命工作图之意，"将使后人知煎盐之法，工役之劳"。他自己则希望："有意于爱民者，将有感于斯图，必能出长策以苏民力；于国家之治政，未必无小补云。"他们俩的意思其实是相同的：一面存典制以备后人实施和改良之参考；一面写出工役劳苦的详情，俾在上者览之——盖亦讽谏之意。明彭韶《上盐场图诗略》说：

> 自古圣帝明王，莫不以稼穑艰难为念；忠臣贤士，亦莫不以敷陈民事为先。故有书《豳风》《无逸》以进者，有进《农桑耕织图》者，有献《流民图》者；要之，期于深宫之中，寓目动心，不至视民如草芥矣。
>
> 然庶民之中，灶户尤苦。惜乎古今未有图咏。……（按：彭当是未见此图。）

这一节话说讽谏的意思最明白，可借作陈序的注脚。原来元代两浙盐赋最重，而且有加靡已（至顺帝至正三年，始有减去一十万引之事）。前引陈旅《赵公德政碑记》里说：

> 昔至元盐策之権于两浙也，以引计，凡四万耳；后浸溢至四十八万。而松江之额，十万有奇；民其得无瘵乎！（按：与《元史》及《新元史·食货志》稍有出入。）

你看，不及百年，增赋已至十二倍之多！两浙赋额既重，而松江赋额又在两浙中最重，其民自然困悴不堪！陈序所谓"仁民之心"，所谓"爱民"，当系确有所感而发，不得作寻常门面语看。只是这种居高临下，为民请命的怜悯态度，在现在已无多少价值可言罢了。

罗振玉氏说："念此书藏于'中秘'，人间不得而窥，而宋元间人记述制盐之书，绝无传者；因录其题咏，付之手民。"他的话有两层意思：一是此书乃难见之奇书，足备藏书家之一格。二是此书乃研究元代制盐方法仅存之书。此书的难见，大约不仅清代为然；由前引彭韶的话，可推至明代也已流行极少。不过明初尚见刻本，故《永乐大典》得据以传摹。现在刻本固绝不可见，《大典》又经散失，其载有此书之卷帙，亦不知存佚如何（袁同礼先生的《〈永乐大典〉现存卷目》中无此）。罗氏所藏本，要算仅存的硕果了。我们所得见者，虽只是这第四手的，不全的本子（《大典》所载原已不全，见上文），也要算很有眼福了。此书既为元人记述制盐方法仅存之书，自甚有关于史学；而有图佐说，尤为可贵之至。郑樵《通志·图谱略·索象篇》说：

> 见书不见图，闻其声不见其形；见图不见书，见其人不闻其语。图至约也，书至博也；即图而求易，即书而求难。

《明用篇》又说：

> 善为学者，如持军治狱；若无部伍之法，何以得书之纪？若无核实之法，何以得书之情？

可见要治"实学"，非有图谱不行，虚文无济于事。郑氏所举图谱之学凡十六种，所称"无图有书不可用"者，盐法也正是如此。要明白当世的盐法，已须靠图为用；要明白前代的盐法，图自然更不可少。

艺术的一面，最值得注意的，自然是那些图的画工。《提要》说，"诸图绘画颇工，《永乐大典》所载，尚存矩度"。罗振玉氏说，"图至精细"，"殆嘉庆朝画院诸臣就《大典》本临摹"。本书绘画的工细，确是可爱。工细而能生动，所以才好；若笔下板滞，虽工细也无味了。本书中便是"界画"，也鲜明有致；其余画工作则确是正在工作，画休息则确是正在休息。我且举一两个例：如《团内便仓》图中，一人在地上，双手捧一叠瓦，两足离立，仰望屋上人，回声作势；瓦几欲脱手而出。屋上人则两足一前一后，弓着腰，向下摊开双手；只等着接那一叠瓦。又如《车水耕平》中，一老一少在水车旁石上对坐。老者右胫横加于左股上，以两手抱着；少者右手据石，左手拿着蒲葵扇，向老者指点着，张口似有所语。这每一图里，两人间的神情，均能密合无间；但眼光尚未能相属，是一小疵。又如《樵斫柴薪》中，一人释镰刀于地，蹲着，两手高举长的茶瓶，仰首就饮，渴态可笑。旁一人也蹲着，就砺石上磨镰刀，却又极为从容，相形之下，更觉可笑了。至于驰背龙钟的老翁，望之俨然的"北军"，画来也都惟妙惟肖。

最有趣的，各图都能"于百忙中着些闲笔"。每幅上端，往往有些远景；或写乱山，或写烟水，又以小桥村舍，杂树飞禽，点缀其间。每幅中间，灶丁们工作之外，又往往插入些闲人闲事：如老翁负小儿，指点工作，少妇门内看闲，儿童画地着棋，或倚阑垂钓；乃至群鸡觅食，两狗相扑等等。而所画人物，所布景色，位置和情形，又无一幅有重复处。这样，每幅图都是一个新鲜的境界，使人神往，愿厕身其间。作图本意，原要使后人知"工役之劳"；但这一点似乎失败了。我们只觉得灶丁们家人父子，融融泄泄；一味勤勤恳恳地工作，毫不计较似的。即有"北军"在旁监视，他们仍是自得其乐，无一些局蹐之态。我们明知实际上未必如此，但图中确是如此。本图使我们只觉着"熬波"生活之可乐，而不见其苦处，使我们超乎实际的苦乐之上而"无关心"。也许创意作图者或临摹者泽于"温柔敦厚"的诗教者甚深，不愿露骨地画出，却留待阅者自去深思熟味，亦未可知。还有一事，我们现在所见的图的底本，大约是"嘉庆朝画院诸臣就《大典》本临摹"；我所论即以此临摹，影印之图为据。至于《大典》的图与原书的图，和现在所存，有同异否，有精粗之别否，我一概不知。若但凭猜想，原书之图或竟不如临摹之本，亦未可定。因为原作图者只是画工，临摹者却大约都是画院诸臣；且传刻总要失真，当不如手绘者之奕奕有神采的。

图咏多五言，也有杂言的。图咏本以补图与说之不及，而实侧重在陈说灶户的疾苦，冀人"寓目动心"；与白居易的《秦中吟》《新乐府》旨趣略同。但诗过质实，自不能及白。其中记叙，说明诸语，往往如《盖池井屋》图咏云，"固非人所居，但防天雨雨"之类，殆同歌诀，殊无深致。然如：《筱灰取匀》云，"一片灰场几经手，壮者尪羸肥者瘠。"《担载运盐》云，"日西比及到团前，牛却长叹人无言。"《砍斫柴生》云，"黄茅斫尽盐未足，官司熬熬催火伏；有钱可买邻场柴，无钱之家守盐哭。"《捞洒撩盐》云，"人面如灰汗如血，终朝彻夜不得歇。"诸语叙事，却颇有筋力。至于代述灶户情意处，更多精警可喜。此类语极多，几乎每诗皆有；教训之意，不显于图者，乃显于咏。如《裹筑灰淋》云，"作劳口舌干，咸水觉有味；早知作农夫，岂不太容易！"《疏浚潮沟》云，"但得朝朝水满沟，一生甘作泥中鳅！"《敲泥拾草》云，"十指尽皲瘃，那复问肩背！"都语婉意长，耐人寻味。其余议论语如：《上卤煎盐》云，"烹煎不顾寒与暑，半是灶丁流汗雨！"讽谕语，如《砌柱承桦》云，"满盘白雪积如山，不比金茎但承露。"景语，如：《辒车运柴》云，"空车晚归去，牛背载寒鸦。"《铸造铁桦》云，"间看炉鞴弃荒郊，当时闹热今如水。"或片言居要，或委曲有情致，也都可诵。

以上只是摘句，现在举全篇精警者，如《车接海潮》云：

> 翻翻联联，荦荦确确，东海巨蛇才脱壳。滔滔车腹水逆行，辘辘车声雷大作，能消几部旱龙骨，翻得阳侯波欲涸！谁家少妇急工程？径上车头泥两脚！（按：今图中实无少妇。）

此诗写水车的形状，功用，活泼得神，可称状物之工。而末二语笔弄余妍，似不经意，却有无限隐恫存于言外。少妇何必"急工程"，"急工程"者自有人在；而偏说少妇者，所谓"风人之旨"。如此说法，并非求之太深；其实便是顺文直解，着此二语于本诗之末，也尽有风致的。又如《担灰摊晒》云：

> 海天无风云色开，相呼上场早晒灰。满场大堆仍小堆，前担未了后担催。少妇勤作亦可哀，草间冬日眠婴孩。正苦饥腹鸣如雷，转头馌妇从西来。（按：今图中无少妇，有婴孩在西；作者或"想当然耳'。）

此诗虽不及前作，但写婴孩冬日眠草间，"工役之劳"自见，又"饐妇"即"少妇"，"勤作"即指"饐"而言，章法颇曲。又如《干桴起盐》云：

> 大桴未冷火初歇，轻轻划桴休划铁。有如昨夜未完月，妖蟆食破圆还阙；又如水晶三角片，又如蒸饼十字裂。正愁天上多苦雾，却喜海滨有咸雪！

此诗虽甚朴质，但写桴的形状却像极，且甚有趣；故不觉其粗俗。"正愁"一句，语意双关；与明彭韶《放盐图诗》中"谁念味中苦，搔首空踌躇"略同。

诸咏虽一再力陈灶户的疾苦，但丝毫不带着不平的气分，这正是时代使然。他们是很安分的，所要求的只是一些怜悯，一些仁政而已。灶户这样想，陈椿等也为他们这样想；反映在那些诗里的，便都是些"怨而不怒"，低首下心的哀诉了。他们的理想，取诗中三语，便可包括罄尽：所谓"公利私亦利"是一，"但愿天公平，无水亦无旱！"是二；而后者尤重，这也就是全部图咏的精神了。

图咏与说，皆楷书，字体在欧、赵之间，极秀整有致。说中偶有夹注，大抵解释名义。其中数见"未详"字样，足证此项注文系后人所加；但不知加于何时。

周作人先生在《儿童的书》一文中，论及中国儿童画之少；他说道，"如焦秉贞的《耕织图》却颇适用，把他翻印出来，可以供少年男女的翻阅。"焦秉贞的图，不知是不是临摹楼璹的；两种图我都未见过，无从悬揣。我想这本《熬波图》性质与《耕织图》相类（《提要》说），也多"线画"，图咏与说又浅显易解，而咏尤可诵。若作为"儿童的书"，或者也适用的。只是无单行本，而《吉石盦丛书》印得既少，价钱又贵，一般人不易得着；这是很可惜的。

与本书类似的材料，我现在所能知道的，尚有下列三种：

一，元盛彧《耙盐词》。盛彧是元末人。与本书作者差不多同时，其说自可供参考之用。词云：

> 朝耙滩上泥，暮煮釜中雪。妾身煎盐不辞苦，恐郎耙泥筋力竭！君不见东家阿娇红粉媚，不识把锄巧梳髻；昨日典金钗，愁杀官盐价高贵！

此诗文采自然是好，局格亦佳；但似不及本书诸咏的真切感人。

二，明彭韶《两浙盐场图咏》。明夏时正序云：

公继是奉有整理两浙盐法之命。逮竣，还，乃法《无逸》《豳风》，采摭两浙盐场景物事情，分为八节：曰盐插，曰山场，曰草荡，曰淋卤，曰煎盐，曰征盐，曰放盐，曰追盐。绘为八图；图各有序，复系以诗。诗咏其情，序叙其事，图写其状。即之以观，则灶丁之贫难困苦，一展舒可得之。……亦既进呈。……〔两浙都转运使，西蜀〕晏君……于是取图之副，刻梓以传。

此书未经《四库》著录，恐已亡佚；但图咏尚存《两浙盐法志·艺文类》中，题为《恤灶图八咏》（第八咏题《追赔图》，亦与前引彭《上盐场图诗略》不同）。诗甚妥贴。《盐场图》有云：

薪桂与炊玉，晨昏增感怆。敝屋栖寒芦，新畲倚孤嶂。怀土思依依，承家如草籾。

末二语写灶户虽已穷困到"无以为家"，但仍恋恋故土，不忍远去。为上文"感怆"二字下一注脚，甚委曲有致。又《煎盐图）云：

> 一勺尽倾泻，万灶俱焚爇。沈沈红雾收，蔑蔑晴波竭。敛之白盈箕，凝华粲如雪。

此数语气象甚佳。又《征盐图》云：

> 儋石四面至，仓庾一朝盈；盐官唱簿历，"折阅"频呼声。

描写盐官的贪酷，可称淋漓尽致了。

三，《两淮盐法志》卷四《图说》上。本卷共二十八图：除文汇，文宗两阁外，"淮南之盐法十六，淮北之盐法十。"淮南的图，起于《引荡刈草》，终于《子盐开江》；淮北的图，起于《筑井铺池》，终于《乌沙河开行》。诸图兼括制盐，运盐二事，甚为简略；与《熬波图》之只重制盐，不厌求详者不同。图尚工细，间亦有景物点缀，但不及《熬波图》的讲究与多变化；且经传刻，究觉板滞多了。

（十二月二十二日完。《小说月报》第十八卷第二号，一九二七年二月。）

《歧路灯》

　　《歧路灯》是中国旧来仅有的两部可以称为真正"长篇"的小说之一；另一部便是谁也知道的《红楼梦》。本书现在才出了第一册，但回目已全有了；依据这一册的材料，我们可以将全书考量一番。

　　本书出版以后，有过两篇介绍批评的文字：一是郭绍虞先生的《介绍〈歧路灯〉》，见《文学周报》五卷二十五号；一是《大公报·文学副刊》里的一篇。郭先生所论极为详细；他从各方面估量本书的价值。他的话都很精当，实在是一篇好的文学批评，虽然他只题为"介绍"。我希望读《歧路灯》的人，在读前或读后，都去读一读那篇"介绍"文。

　　我对于本书的意见，差不多完全与郭先生相同。现在所要说的，只是就他的意见加以引申。因为本书略后于《儒林外史》，而与《红楼梦》同时，郭先生文中便拿这三部小说来相比，我也想用这种办法。先论题材。《歧路灯》的题材，简单地说，只是"败子回头"。但这个败子，本来并非败子，他父亲竭尽心力，原想他成为一个克家的令子；而他自己也时时在理欲交战中。他父亲死了，他结交了"匪类"；因为习染的关系，便让欲将理战胜了。"东扯西捞，果然弄的家败人亡"。后来受够了"贫苦熬煎"，阅历了人世险诈，加以族人，父执，义仆等的规劝，这才"改志换骨"，重新让理将欲战胜了。这个理欲不断的战争和得失，便是本书的教训，或说是理想。原序里所谓彝常伦类间的发明，便是这个；《歧路灯》之名，也便指此。中国近世小说都有一个教训或理想；象《红楼梦》的人生如幻梦，《儒林外史》的讽刺功名热，都是的。这种教训或理想若能渗透在全书内，具体地写出来，使人不觉其为教训或理想，便是高手。这非对于所表达的教训或理想，先有一番真诚的透辟的体味不可。若只是在开篇，结尾，或书中各处，泛泛地抽象地发些不痛不痒的议论，那是一些影响没有；读者但觉得是讨厌的滥调罢了。《歧路灯》比起《红楼梦》和《儒林外史》，抽象的理学话确是多些，但作者却仍能一样地将自己的理想渗透于全书内；因为书中理学话究竟也并不太多。冯友兰先生的序里，说此书道学气虽重，但所写大部分是道学的反面，所以不至陈腐。这种对照的取材，正是容易入人的，表达理想的法子。而那些理学话，又都是作者阅历有得之言，说得鞭辟入里，不枝不蔓；虽是抽象的，却不是泛泛的；所以另有一种力量，不至与老生常谈相等。至于我们现在赞同与否，自当别论。

次论结构。《儒林外史》现在虽号为长篇小说，但实在还是杂记小说；因为它是一段一段的零星记载联缀起来的。《红楼梦》在我们知有《歧路灯》以前，确是中国旧来唯一的真正长篇小说，可惜没有完；高鹗续作，也未能尽如人意。且这书头绪纷繁，不免时有照顾不到之处；因此结构上有松懈的地方。至于《歧路灯》，虽也"记载一家的盛衰"，与《红楼梦》同，如郭先生所说；但节目却少得多。这因书中人物不多之故，检回目可知。人物不多，作者便可从容穿插，使它的情节有机地发展；所以全书滴水不漏，圆如转环，无臃肿和断续的毛病。譬如开卷第一回，"念先泽千里伸孝思，虑后裔一掌寓慈情"，说谭孝移——主人公谭绍闻的父亲——从祥符到丹徒去修家谱，祭祖茔，存问宗族，看见那边子弟都用功读书，回来时便忧虑着自己孩子的教育，这样引起了全书。这一回的题材，与书名一样，实是太迂腐些；看了教人昏昏欲睡。我初读此书，翻阅第一回，觉得没味，便掠在一旁；隔了多日，偶然再翻第二回，却觉得渐入佳境，后来竟至不能释手。本书至今不为人注意，我想它对于读者的第一印象不大好，是一大原因；一定有些人看了书名或翻了前数页，就不愿再看下去。但这一回文字在结构上，却是极有意义的：它不但很自然地引出全书，并且为后面一个大转机的伏线；末四卷（共二十卷）全由这一回生出。那败子所以能回头，固有其内心上的变化，但到了"上天无路，入地无门"的地步，若没有人援引一下，也无从上进的；这个援引的人，便在第一回里伏了根。这样大开大阖而又精细的结构，可以见出作者的笔力和文心。他处处使他的情节自然地有机地发展，不屑用"无巧不成书"的观念甚至于声明，来作他的借口；那是旧小说家常依赖的老套子。所以单论结构，不独《儒林外史》不能和本书相比，就是《红楼梦》，也还较逊一筹；我们可以说，在结构上它是中国旧来唯一的真正长篇小说。

　　次论描写。本书不但能写出各式人，并且能各如其分。《儒林外史》的描写，有时不免带有滑稽性的夸张，本书似乎没有。本书尤能在同一种人里，写出他们各别的个性；这个至少不比写出各色人容易。如他写娄潜斋，侯中肴，惠养明同在谭家做过教读先生，但心地，行止是怎样悬殊！又如谭绍闻，王隆吉，盛希侨都是好人家子弟，质地都是好的，都是浮荡少年；这样的相同，而度量，脾气又是怎样差异！作者阅世甚深，极有描写的才力，可惜并没有尽其所长。他写道学的反面，原只作为映衬之用。他并不要也不肯淋漓尽致或委曲详尽地写出来；所谓"劝百而讽一"，想他是深以为戒的。但是他写得虽简，却能处处扼要，针针见血。这种用几根有力的线条，画出鲜明的轮廓的办法，有时比那些烦琐细腻到使人迷惑的描写，反要直捷些，动人些。但以与《红楼梦》的活泼，《儒林外史》的刻画相比，却到底是不如的；因而熏染的力量也就不及它们了。本书之所以未能行远，这怕也是一个原因吧。至于作者自己，他对于那些描写法，大约实在有些不屑；看原序中痛诋《三国志》《水浒》《西游记》《金瓶梅》四书，便可知道。这原不大高明；可是他的书既从反面取材，终于也就不能不多少运用一些描写的本领了。

　　若让我估量本书的总价值，我以为只逊于《红楼梦》一筹，与《儒林外史》是可以并驾齐驱的。

（一九二八年十一月二十二日毕。

《一般》第六卷第四号。）

给《一个兵和他的老婆》的作者
——李健吾先生

（即拟此书的文体）

我已经念完勒《一个兵和他的老婆》得故事。我说，健吾，真有你得！

我说，这个兵够人味儿。他是个粗透勒顶得粗人，可是他又是个机灵不过得人。瞧那位店东家两回想揭穿他俩得事儿，他怎们对付来着！还有，他奉勒营长得命令，却敲那位章老头儿——就是他得丈人勒——去敲他得竹杠得时候，恰巧他亲家说他将女儿玉子窝藏起来勒，他俩正闹得不得开交哪。你瞧，他会做得面面儿光；竹杠是敲上勒，却不是他丈人章老头儿！张冠李戴，才有趣哪。他有这么多得心眼儿，加上他那个当兵得大胆子，——真想不到——他敢带勒逃出来得章玉子，他得老婆，"重入家门"。这们着，他俩才成就勒美满得姻缘；不然，后来怎样，只有天知道啦。可是，顶要紧得，他是个有良心得人。要是他在马房里第一回看见他老婆得时候，也象他那三个弟兄得性儿，那可不什么都完啦；压根儿这本书也就甭写啦。所以我说这个兵够人味儿。他有一个健康得身子，还有一颗健康得心。可是，健吾，咱们真有过这们胆儿大，心儿细，性儿好得兵？你相信？不论你怎们回答，我觉得这不是现在真有得人；这是你笔底下造出来得英雄。他没有兵们得坏处，只有他们得好处；不但有他们得好处，还有咱们得——干脆说你得——好处。这么凑合起来，他才是个可爱得人。至于章玉子，他得老婆，那女得多少有点古怪。但是她得天真烂漫，也可爱得；做他那样子得人得老婆，她倒也合式。

他的说话虽然还不全象一个兵，但是，也够干脆得啦。咱们得作家们，说起话来，老是斯斯文文得，慢声慢气得；有得更是扭扭捏捏，怪声怪气得。至少也得比平常人多绕上几个弯儿。这们着也有这么着得好处，可是你也这一套，我也这一套，叫人腻得慌。象他那么大刀阔斧，砍一下儿是一下儿得，似乎还很少哪。他不多说一句话，也不乱说一句话；句句话从他心坎儿上出来，句句话打在咱们心坎儿上——句句话紧紧得凑合着，不让漏一丝缝儿。好比船上的布篷，灌满勒风，到处都急绷绷得。他得话虽说有五段儿，好象是一口气说完勒似得；他不许你想你自己得，忘了他得。可是你说他真得着忙？不不！他闲着哪。他老是那么带顽带笑得。你说他真得有什们，说什们，象一个没有底儿得布袋？不不！他老忘不了叫你着急，叫你担心，那位店东家两回得吓诈，且甭提，只提"他们头一宵的恩爱"那一段，那女得三回说到嘴边又瞒过勒得那句话，你能不纳闷儿？再说，"他老婆重入家门"那一段，先说他带勒"一位没有走过世面得弟兄"，上他丈人家去。你想得到，这位护兵会变成他得老婆哪？可惜临了儿他那位丈人拐勒一个不大圆的弯儿；我不信那个老头儿真会那们着崇拜"先王的礼法"！要让他换个样子，另拐上一个弯儿，就好勒。就是这收梢，不大得劲似得。

除勒这一处，健吾，我敢保这本书没有错儿！

（十七年十二月四日。）

《老张的哲学》与《赵子曰》

　　《老张的哲学》，为一长篇小说，叙述一班北平闲民的可笑的生活，以一个叫老张的故事为主，复以一对青年的恋爱问题穿插之。在故事的本身，已极有味，又加以著者讽刺的情调，轻松的文笔，使本书成为一本现代不可多得之佳作，研究文学者固宜一读，即一般的人们亦宜换换口味，来阅看这本新鲜的作品。

　　《赵子曰》这部作品的描写对象是学生的生活，以轻松微妙的文笔，写北平学生生活，写北平公寓生活，非常逼真而动人，把赵子曰等几个人的个性活活的浮现在我们读者的面前。后半部却入于严肃的叙述，不复有前半部的幽默，然文笔是同样的活跃。且其以一个伟大的牺牲者的故事作结，很使我们有无穷的感喟。这部书使我们始而发笑，继而感动，终于悲愤了。（十七年十月《时事新报》。）

这是商务印书馆的广告。虽然是广告，说得很是切实，可作两条短评看。从这里知道这两部书的特色是"讽刺的情调"和"轻松的文笔"。

讽刺小说，我们早就有了《儒林外史》，并不是"新鲜"的东西。《儒林外史》的讽刺，"戚而能谐，婉而多讽"（鲁迅《中国小说史略》二十三篇），以"含蓄蕴酿"为贵。后来所谓"谴责小说"，虽出于《儒林外史》，而"辞气浮露，笔无藏锋"，"描写失之张皇，时或伤于溢恶，言违真实，则感人之力顿微"（《小说史略》二十八篇）。这是讽刺的艺术的差异。前者本于自然的真实，而以精细的观察与微妙的机智为用。后者是在观察的事实上，加上一层夸饰，使事实失去原来的轮廓。这正和上海游戏场里的"哈哈镜"一样，人在镜中看见扁而短或细而长的自己的影子，满足了好奇心而暂时地愉快了。但只是"暂时的"愉快罢了，不能深深地印入人心坎中。这种讽刺的手法与一般人小说的观念是有联带关系的，从前人读小说只是消遣，作小说只是游戏。"谴责小说"与一切小说一样，都是戏作。所谓"谴责"或讽刺，虽说是本于愤世嫉俗的心情，但就文论文，实在是嘲弄的喜剧味比哀矜的悲剧味多得多。这种小说总是杂集"话柄"；"联缀此等，以成类书"（《小说史略》二十八篇）。"话柄"固人人所难免，但一人所行，决无全是"话柄"之理。如李伯元《官场现形记》，只叙此种，仿佛书中人物只有"话柄"而没有别的生活一样，而所叙又有增饰。这样，便将书中人全写成变态的了。《儒林外史》有时也不免如此，但就大体说，文笔较为平实和婉曲，与此固不能并论。小说既系戏作，由《儒林外史》变为"谴责小说"，却也是自然的趋势。至于不涉游戏的严肃的讽刺，直到近来才有；鲁迅先生的《阿Q正传》，可为代表。这部书是类型的描写；沈雁冰先生说得好：中国没有这样"一个"人，但这是一切中国人的"谱"（大意）。我们大家都分得阿Q的一部分。将阿Q当作"一个"人看，这部书确是夸饰，但将他当作我们国民性的化身看，便只觉亲切可味了。而文笔的严冷隐隐地蕴藏着哀矜的情调，那更是从前的讽刺或谴责小说所没有。这是讽刺的态度的差异。

　　这两部书里的"讽刺的情调"是属于那一种呢？这不是可以简单回答的。《赵子曰》的广告里称赞作者个性的描写。不错，两部书里各人的个性确很分明。在这一点上，它们是近于《儒林外史》的；因为《官场现形记》和《阿 Q 正传》等都不描写个性。但两书中所描写的个性，却未必全能"逼真而动人"。从文笔论，与其说近于《儒林外史》，还不如说近于"谴责小说"。即如两位主人公，老张与赵子曰：老舍先生写老张的"钱本位"的哲学，确乎是酣畅淋漓，阐扬尽致；但似乎将'钱本位"这个特点太扩大了些，或说太尽致了些。我们固然觉得"可笑"，但谁也未必信世界上真有这样"可笑"的人。老舍先生或者将老张写成一个"太"聪明的人，但我们想老张若真这样，那就未免"太"傻了；傻得近于疯狂了。如第十五节云：

　　他（老张）只不住的往水里看，小鱼一上一下的把水拨成小圆圈，他总以为有人从城墙上往河里扔铜元，打得河水一圈一圈的。以老张的聪明，自然不久的明白那是小鱼们游戏，虽然，仍屡屡回头望也！

　　这自然是"钱本位"的描写；是太聪明？是太傻？我想不用我说。至于赵子曰，他的名字便是一个玩笑；

你想得出谁会有这样一个怪名字？世上是有不识不知的人，但大学生的赵子曰不会那样昏聩糊涂，和白痴相去不远，却有些出人意表！其余的角色如《老张的哲学》中的龙树古，蓝小山，《赵子曰》中的周少濂，武端，莫大年，欧阳天风，也都有写得过火的地方。这两部书与"谴责小说"不同的，它们不是杂集话柄而是性格的扩大描写。在这一点上，又有些象《阿Q正传》。但《正传》写的是类型，不妨用扩大的方法；这两部书写的是个性，用这种方法便不适宜。这两部书还有一点可以注意：它们没有一贯的态度。它们都有一个严肃的悲惨的收场，但上文却都有不少的游戏的调子；《赵子曰》更其如此。广告中说"这部书使我们始而发笑，继而感动，终于悲愤了"。"发笑"与"悲愤"这两种情调，足以相消，而不足以相成。这两部书若用一贯的情调或态度写成，我想力量一定大得多。然而有这样严肃的收场，便已异于"谴责小说"而为现代作品了。

两部书中的人物，除《老张的哲学》中有老张，南飞生，蓝小山，《赵子曰》中的欧阳天风外，大都是可爱的。他们各有缺点和优点。只有《赵子曰》中的李景纯，似乎没有什么缺点；正和老张等之没有什么优点一样。李景纯是这两部书中唯一的英雄：他热心苦口，领导着赵子曰去做好人；他忍受欧阳天风的辱骂，不屑与他辩论；他尽心竭力保护王女士，而毫无所求；他"为民间除害"而牺牲了自己。老舍先生写李景纯，始终是严肃的；在这里我们看见作者的理想的光辉。这两部书若可说是描写"钱本位"与人本位的思想的交战的，那么李景纯是后者的代表而老张不用说是前者的代表——欧阳天风也是的。其余的人大抵挣扎于两者之间，如龙树古，武端都是的。在《老张的哲学》里，人本位是无声无臭地失败了。在《赵子曰》里，人本位虽也照常失败，但却留下光荣的影响：莫大年，武端，赵子曰先后受了李景纯的感化，知道怎样努力做人。前书只有绝望，后书却有了希望；这或许与我们时代有关，书中有好几处说到革命，可为佐证。在这一点上，《赵子曰》的力量，胜过《老张的哲学》。可是书中人物的思想都是很浅薄的；《老张的哲学》里的不用说，便是李景纯，那学哲学的，也不过如此。大约有深一些的思想的人，也插不进这两部书里去罢？至于两书中最写得恰当的人，我以为要算《老张的哲学》里的赵姑父赵姑母。这是一对可爱的老人。如第十三节云：

王德、李应买菜回来，姑母一面批评，一面烹调。批评的太过，至于把醋当了酱油，整匙的往烹锅里下。忽然发觉了自己的错误，于是停住批评，坐在小凳上笑得眼泪一个挤着一个往下滴。

……

赵姑母不等别人说话，先告诉她丈夫，她把醋当作了酱油。

赵姑父听了，也笑得流泪，他把鼻子淹了一大块。

这里写赵姑母的唠叨和龙钟，惟妙惟肖；老夫妇情好之笃，也由此可见。这是一段充满了生活趣味的描写。两书中除李景纯和这一对老夫妇外，其余的人物描写，大抵是不免多少"张皇"的。——这也可以说是不一贯的地方。

这两部书的结构，大体是紧凑的。《老张的哲学》里时间，约莫一年；《赵子曰》里的，只是由冬而夏的三季。时间的短促，有时可以帮助结构。《老张的哲学》里主角颇多，穿插甚难恰到好处；老舍先生布置各节似乎很苦心。《赵子曰》是顺次的叙述，每章都有主人公在内，自然比较容易。又《赵子曰》共二十七章，除八，九，十三章叙赵子曰在天津的事以外，别的都以北京为背景；《老张的哲学》却忽而乡，忽而城，错综不一，这又比较难些。《老张的哲学》里没有不关紧要的叙述，《赵子曰》里却有：第二章第四节叙赵子曰加入足球队，实在可有可无；又八，九，十三章，也似乎太详些——主角在北京，天津的情形，不妨少叙些。《老张的哲学》以两个女子为全篇枢纽，她们都出面；《赵子曰》以一个王女士为枢纽，却不出面。虽不出面，但书中人却常常提到她；虽提到她，却总未说破，她是怎样的人。象闷葫芦一样，直到末章才揭开了，由她给李景纯的信里，叙出她的身世。这样达到了"极点"，一切都有了着落。这种布置确比《老张的哲学》巧些。两书结尾都有毛病：《老张的哲学》末尾找补书中未死各人的结局，散漫无归；《赵子曰》末一段赵子曰向莫大年，武端说的话，意思不大明显，不能将全篇收住。又两书中作者现身解释的地方太多，这是"辞气浮露"的一因。而一章或一节的开端，往往有很长的解释或议论，似乎是旧小说开端的滥调，往往很杀风景的。又两书描写有类似的地方，似乎也不大好：《老张的哲学》里的孙八常说"多辛苦"一句话，《赵子曰》里的武端也常说"你猜怎么着"，这未免有些单调；为什么每部书里总该有这样一个人？至于"轻松的文笔"，那是不错的。老舍先生的白话没有旧小说白话的熟，可是也不生；只可惜虽"轻松"，却不甚隽妙。可称为隽妙的，除赵姑父赵姑母的描写及其一二处外，便只有写景了；写景是老舍先生的拿手戏，差不多都好。现在举一节我最喜欢的：

> 那粉团似的蜀葵，衬着嫩绿的叶儿，迎着风儿一阵阵抿着嘴儿笑。那长长的柳条，象美女披散着头发，一条一条的慢慢摆动，把南风都摆动得软了，没有力气了。那高峻的城墙长着歪着脖儿的小树，绿叶底下，青枝上面，藏着那么一朵半朵的小红牵牛花。那娇嫩刚变好的小蜻蜓，也有黄的，也有绿的，从净业湖而后海而什刹海而北海而南海，一路弯着小尾巴在水皮儿上一点一点；好象北京是一首诗，他们在绿波上点着诗的句读。净业湖畔的深绿肥大的蒲子，拔着金黄色的蒲棒儿，迎着风一摇一摇的替浪声击着拍节。什刹海中的嫩荷叶，卷着一些幽情，放开的象给诗人托出一小碟子诗料。北海的渔船在白石栏的下面，或是湖心亭的旁边，和小野鸭们挤来挤去的浮荡着；时时的小野鸭们噗喇噗喇擦着水皮儿飞，好象替渔人的歌唱打着锣鼓似的："五月来呀南风儿吹"噗喇噗喇，"湖中的鱼

儿"噗喇"嫩又肥"噗喇噗喇。……那白色的塔，蓝色的天，塔与天的中间飞着那么几只灰野鸽：一上一下，一左一右，诗人的心随着小灰鸽飞到天外去了。……(《赵子曰》第十六章第一节。)

这是不多不少的一首诗。

（十八年二月。）

《子夜》

这几年我们的长篇小说渐渐多起来了；但真能表现时代的只有茅盾的《蚀》和《子夜》。《蚀》写一九二七年的武汉与一九二八年的上海，写的是"青年在革命壮潮中所经过的三个时期"。能利用这种材料的不止茅君一个，可是相当地成功的只有一个。他笔下是些有血有肉能说能做的人，不是些扁平的人形，模糊的影子。《子夜》写一九三〇年的上海，写的是民族资本主义的发展与崩溃的缩影。与《蚀》都是大规模的分析的描写，范围却小些：只侧重在"工业的金融的上海市"，而经过只有两个多月。不过这回作者观察得更有系统，分析得也更精细；前一本是作者经验了人生而写的，这一本是为了写而去经验人生的，听说他的亲戚颇多在交易所里混的；他自己也去过交易所多次。他这本书是细心研究的结果，并非"写意"的创作。《蚀》包含三个中篇，字数还没有这一本多，便是为此。看小说消遣的人看了也许觉得烦琐，腻味；那是他自己太"写意"了，怨不得作者。"子夜"的意思是"黎明之前"；作者相信一个新时代是要到来的。

这本书的主角，与《蚀》不同。主角是吴荪甫。他曾经游历欧美，抱着发展中国民族工业的雄图，是个有作为的人。他在故乡双桥镇办了一个发电厂，打算以此为基础，建筑起一个模范镇；又在上海开了一爿大丝厂。不想双桥镇给"农匪"破坏了，他心血算白费了。丝厂因为竞争不过日本丝和人造丝，渐渐不景气起来，只好在工人身上打主意，扣减她们的工钱。于是酝酿着工潮，劳资的冲突一天天尖锐化。那正是内战大爆发的时候，内地的现银向上海集中。金融界却只晓得做地皮，金子，公债，毫无企业的眼光。荪甫的姊丈杜竹斋便是一个，而且是胆子最小贪近利的一个。荪甫自然反对这种态度。他和孙吉人、王和甫顶下了益中信托公司，打算大规模地办实业。他们一气兼并了八个制造日用品的小工厂，想将它们扩充起来，让那些新从日本移植到上海来的同部门的厂受到一个致命伤。荪甫有了这种大计划，便觉得双桥镇无用武之地，破坏了也不足深惜了。

但这是个最宜于做公债的年头；战事常常变化，投机家正可上下其手。苏甫本不赞成投机，而为迅速的扩充他们的资本，便也钻到公债里去。这明明是一个矛盾；时势如此，他无法避免。他们的企业的基础，因此便在风雨飘摇之中。这当儿他们的对头赵伯韬来了。他是美国资本家的"掮客"，代理他们来吞并刚在萌芽的民族工业的。那时杜竹斋早拆了信托公司的股；苏甫他们一面做公债，一面办厂，便周转不及；加上内战时货运阻滞，新收的八个厂的出品囤着销不出去。赵伯韬便用经济封锁政策压迫他们的公司，又在公债上与他们斗法。他们两边儿都不仅"在商言商"：苏甫接近那以实现民主政治标榜的政派，正是企业家的本色。赵伯韬是相对峙的一派，也是"掮客"的本色。他们又都代办军火；都做外力与封建军阀间媒介。他们做公债时，所想所行，却也不一定忠实于他们的政派。总之，矛盾非常多。苏甫他们做公债失败了，便压榨那八个厂的工人，但还是维持不下去。苏甫这时候气馁了，他只想顾全那二十万的血本，便投降赵伯韬也行。但孙、王两人不甘心，他们终于将那些厂直接顶给英、日的商人。现在他们用全力做公债了，苏甫将自己的厂和住房都押掉了，和赵伯韬作孤注一掷。他力劝杜竹斋和他们"打公司"；但结果杜竹斋反收了渔翁之利而去。苏甫这一下全完了。他几乎要自杀，后来却决定到庐山歇夏去。

这便是上文所谓"民族资本主义的发展与崩溃的缩影"。若觉得说得这么郑重，有些滑稽，那是因为我们的民族资本主义的进程本来滑稽得可怜。有人说这本书的要点只是公债、工潮。这不错，只要从这两项描写所占的篇幅就知道。但作者为什么这样写？他决不仅要找些新花样，给读者换口味。这其间有一番道理。书中朱吟秋说：

> 从去年以来，上海一埠是现银过剩。银根并不要紧。然而金融界只晓得做公债，做地皮，一千万，两千万，手面阔得很！碰到我们厂家一时周转不来，想去做十万八万的押款呀，那就简直象是要了他们的性命；条件的苛刻，真叫人生气。（四三面。）

这并不是金融界人的善恶的问题而是时势使然。孙吉人说得好：

> 我们这次办厂就坏在时局不太平，然而这样的
> 时局，做公债倒是好机会。（五三四面。）

内战破坏了一切，只增长了赌博或投机的心理。虽象吴荪甫那样有大志有作为的企业家，也到处碰壁，终于还是钻入公债里去。这是我们民族资本主义崩溃的大关键，作者所以写益中公司的八个厂只用侧笔而以全力写公债者，便为的这个。至于写冯云卿等三人作公债而失败，那不过点缀点缀，取其与吴、赵两巨头相映成趣，觉得热闹些。但内战之外，外国资本的压迫也是中国民族工业的致命伤。这一点作者并未忽略；他只用陪笔，如赵伯韬所代理的托辣司，益中公司将八个厂顶给英、日商家，周仲伟将火柴厂顶给日本商家之类。这是作者善于用短，好腾出篇幅来专写他熟悉的那一方面。——民族资本主义在这两重压迫之下，自然会走向崩溃的路上去。

然而工厂主人起初还挣扎着，他们压榨工人。于是劳资关系渐趋尖锐化。这也可以成为促进资本主义崩溃的一个原因。但书中只写厂方如何利用工人，以及黄色工会中人的倾轧。也写工人运动，但他们的力量似乎很薄弱，一次次都失败了，不足以摇动大局。或者有人

觉得作者笔下的工人太软弱些，但他也许不愿意铺张扬厉。他在《我们这文坛》一文（《东方杂志》三十卷一号）里说：

> 我们也唾弃那些，印板式的"新偶像主义"——对于群众行动的盲目而无批评的赞颂与崇拜。

他大约只愿意照眼睛所看的实在情形写；也只有这样才教人相信，才教人细想。书中写吴荪甫的丝厂里一次怠工，一次罢工；怠工从旁面着笔，罢工才从正面着笔。他写吴荪甫的愤怒，工厂管理人屠维岳的阴贼险恶，工会里的暗斗，工人的骚动，共产党的指挥，军警的捕捉——罢工的各方面的姿态，在他笔底下总算有声有色。接着叙周仲伟火柴厂的工人到他家要求不停工的故事。这是一幕悲喜剧；无论如何，那轻快的进行让读者松一口气，作为一个陪笔是颇巧妙的。

　　书中以"父与子"的冲突开始，便是封建道德与资本主义的道德的冲突。但作者将吴荪甫的老太爷，写得那么不经事，一到上海，便让上海给气死了，未免干脆得不近情理。再则这第一章的主旨所谓"父与子"的冲突与全书也无甚关涉。揣想作者所以如此开端，大约只是为了结构的方便，接着便可以借着吴太爷的大殓好同时介绍全书各方面的人物。这未免太取巧了些。但如冯云卿利用女儿事，写封建道德的破产，却好。书中有一章专写农民的骚动；写冯云卿的时候，也间接地概括地说到这种情形以及地主威权的动摇。这些都暗示封建农村的势力在崩溃着。但那些封建的军阀在书中还是活跃着的。作者在《我们这文坛》里说将来的文艺该是"批判"的："严密的分析"，"严格的批评"。他自己现在显然已向着这条路走。

　　吴荪甫的家庭和来往的青年男女客人，也是书中重要的点缀，东一鳞西一爪的。这些人大抵很闲，做诗，做爱，高谈政治经济，唱歌，打牌，甚至练镖，看《太上感应篇》等等，就象天底下一切无事似的。而吴荪甫却老是紧张地出入于几条火线当中。他们真象在两个世界里。作者写这些人，也都各具面目。但太简单了，好象只钩了个轮廓就算了，如吴少奶奶，她的妹妹，四小姐，阿萱，杜学诗，李玉亭等。诗人范博文却形容太甚，仿佛只是一个笑话，杜新箨写得也过火些。至于吴芝生，却又太不清楚。作者在后记里也承认书里有几个小结构，因为夏天他身体不大好，没有充分地发展开去，这实在很可惜。人物写得好的，如吴荪甫，屠维岳的刚强自信，赵伯韬的狠辣，杜竹斋的胆小贪利。可是吴、屠两人写得太英雄气概了，吴尤其如此，因此引起一部分读者对于他们的同情与偏爱，这怕是作者始料所不及罢。而屠维岳，似乎并没有受过新教育的人，向吴荪甫说的话那样欧化，也是不确当的。作者擅长描写女人，但这本书里却没有怎样出色的，大约非意所专注之故。

作者描写农村的本领，也不在描写都市之下。《林家铺子》（收在《春蚕》中），写一个小镇上一家洋广货店的故事，层层剖剥，不漏一点儿，而又委曲入情，真可算得"严密的分析"。私意这是他最佳之作。还有《春蚕》《秋收》两短篇（均在《春蚕》中），也"分析"得细。我们现代的小说，正该如此取材，才有出路。

论白话

——读《南北极》与《小彼得》的感想

读完《南北极》与《小彼得》，有些缠夹的感想，现在写在这里。

当年胡适之先生和他的朋友们提倡白话文学，说文言是死的，白话是活的。什么叫做"活的"？大家似乎全明白，可是谁怕也没有仔细想过。是活在人人嘴上的？这种话现在虽已有人试记下来，可是不能通行；而且将来也不准能通行（后详）。后来白话升了格叫做"国语"。国语据说就是"蓝青官话"，一人一个说法，大致有一个不成文的谱。这可以说是相当的"活的"。但是写在纸上的国语并非蓝青官话；它有比较划一的体裁，不能够象蓝青官话那样随随便便。这种体裁是旧小说，文言，语录夹杂在一块儿。是在清末的小说家手里写定的。它比文言近于现在中国大部分人的口语，可是并非真正的口语，换句话说，这是不大活的。胡适之先生称赞的《侠隐记》的文字和他自己的便都是如此。

周作人先生的"直译"，实在创造了一种新白话，也可以说新文体。翻译方面学他的极多，象样的却极少；"直译"到一点不能懂的有的是。其实这些只能叫做"硬译""死译"，不是"直译"。写作方面周先生的新白话可大大地流行，所谓"欧化"的白话文的便是。这是在中文里参进西文的语法；在相当的限度内，确能一新语言的面目。流弊所至，写出"三株们的红们的牡丹花们"一类句子，那自然不行。这种新白话本来只是白话"文"，不能上口说。流行既久，有些句法也就跑进口语里，但不多。周先生自己的散文不用说用这种新白话写；可是他不但欧化，还有点儿日化，象那些长长的软软的形容句子。学这种的人就几乎没有。因为欧化文的流行一半也靠着懂英文的多，容易得窍儿；懂日文的却太少了。

创造社对于语言的努力，据成仿吾先生说，有三个方针："一、极力求合于文法；二、极力采用成语，增进语汇；三、试用复杂的构造。"（见《从文学革命到革命文学》）他们虽说试用复杂的构造，却并不大采用西文语法。增造语汇这一层做到了，白话文在他们手里确是丰富了不少。但最重要的是他们笔锋上的情感，那象狂风骤雨的情感。我们的白话作品，不论老的新的，从没有过这个。那正是"个性的发现"的时代，一般读者，特别是青年们，正感着心中有苦说不出，念了他们的创作，爱好欲狂，他们的虽也还是白话文，可是比前一期的欧化文离口语要近些了；郁达夫先生的尤其如此，所以仿效他的也最多。

陈西滢先生的《闲话》平淡而冷静，论事明澈，有点象报章文字。他的思想细密，所以显得文字也好。他的近于口语的程度和适之先生的差不多。徐志摩先生的诗和散文虽然繁密，"浓得化不开"，他却有意做白话。他竭力在摹效北平的口吻，有时是成功的，如《志摩的诗》中《太平景象》一诗。又如《一条金色的光痕》，摹效他家乡硖石的口吻也是成功的。他的好处在那股活劲儿。有意用一个地方的活语言来做诗做文，他算是我们第一个人；至于他的情思不能为一般民众所了解，那是另一问题，姑且不论。

有一位署名"蜂子"的先生写过些真正的白话诗，登在前几年的《大公报》上。他将这些诗叫做"民间写真"，写的大概是农村腐败的情形和被压迫的老百姓。用的是干脆的北平话，押韵非常自然。可惜只登了没有几首，所以极少注意的人。李健吾先生的《一个兵和他的老婆》（现收入《坛子》中）是一个理想的故事，可是生动极了。全篇是一个兵的自述，用的也是北平话，充分地表现着喜剧的气分，徐志摩先生的《太平景象》等诗乃至蜂子先生的"民间写真"都还只是小规模，他的可是整本儿。他将国语语助字全改作北平语语助字，话便容易活起来。我们知道国语语助字有些已经差不多光剩了一种形式，只能上纸，不能上口了。

赵元任先生改译的《最后五分钟》剧本，用的是道地北平语，语助字满都仔仔细细改了，一字一句都能上口说。这才真是白话。不过他的用意在研究北平的语助词，在打一个戏谱，不在创造一种新文体。那个怕也不会成为一种新文体；因为有些分别太细微了，太琐碎了，看起来作起来都不大方便。

国语体（即胡适之，陈西滢诸先生的文体）是我们白话文的基调。欧化体和创造体曾经风靡一时；现在却差点儿势。用活的方言作文还只有几个人试验，没有成为风气；但成绩都还不坏。近年来可有一种新运动，向着另一方向去。这所谓旧瓶里装新酒。用时调，山歌，弹词，宣卷，鼓词等旧有的民间文艺的体裁来说新的东西。上海这种印本大概不少，但我没有见，无从评论，这些体裁里面照例夹带着好些文言，并不全是白话；那是因为歌词要将就音乐，本与常语要不同些。这种运动用意似乎在广播新思想，而不注重文字；与前举几位的态度大不一样；只有与蜂子先生还相近些。

最近宋阳先生在《文学月报》里提出"大众文艺的问题"，引起许多讨论。关于"用甚么话写"一层，宋阳先生主张用"最浅近的新兴阶级的普通话"，而这"又不是官僚的所谓国语"。但止敬先生在同报第二期里指出这种普通话"还不够文学描写上的使用"。又有一位寒生先生在《北斗》杂志上主张用"大众日常所说的绝对白话"，就是"大多数工农大众所说的普通话"。这种大多数工农大众的普通话，其实是没有的。工人间还有那不够描写用的普通话，农人各处一乡，不与异乡人接触，那儿来的这个？其实国语区域倒是广，用国语虽不是大多数工农大众所说的普通话，可是相差不远，而且比较丰富够用。止敬先生主张，"还不能不用通行的白话"，便是为此。但我的意思，不妨尽量地采用活的北平话，和我们的国音现在采用北平话一样。不过都要象赵元任先生的戏谱那样，可太麻烦；我想有些读音的轻重和语助词的念法不妨留给读者自己去辨别，我们只多多采用北平话的句法和成语（可以望文生义的）就行了。若说这么着南几省人就不能懂，我觉得不然。他们若是识过字，读过国语文或白话文，这是不成什么问题的。不识字，或识字太少，那就什么书也不能读；得从头做起，让他们先识够了字。

《南北极》和《小彼得》两部书都尽量采用活的北平话，念起来虎虎有生气。《小彼得》写工人，兵，讲恋爱的青年，和动摇的投机的青年。作者写某一种人便加进某一种特别的语汇，所以口吻很象。《稀松的恋爱故事》写现在恋爱方式的无聊，《猪肠子的悲哀》写一个在观望在堕落的小资产阶级，《皮带》写一个患得患失的谋差使的人，都透彻极了。《面包线》写一件抢米的故事；篇中空气渐渐紧张起来，你忿忿了，然后痛快地解决了。《二十一个》写得不大结实些；别的都不坏。《南北极》只写工人，海盗，渔人，都是所谓"流浪汉"，干脆得多，不象《小彼得》里有时还免不了多少欧化的痕迹。《南北极》那一篇自然最酣畅淋漓，写一个流浪汉对于上层阶级的轻蔑与仇恨。这种轻蔑与仇恨是全书的中心思想。其中三篇只表这个思想和对于将来的确信。《咱们的世界》写海盗，表面上虽也还是《水浒》式的英雄；骨子里他们却不仅是反抗贪官污吏，替天行道，而是对于整个儿的上层社会轻蔑与仇恨。他们相信，"这世界多早晚总是咱们穷人的"。《生活在海上的人们》便写这班穷人的动作。虽然暂时失败了，可是他们"还要来一次的"。这一篇写集团的行为，头绪太繁了，真不容易。但和前几年的"标语口号文学"相比，这里面有了技术；所以写出来也就相当地有效力了。书中只《手指》一篇太简略些。这里五篇有一个特色，就是都用第一人称的口气；这第一人称无论是多数还是单数，总是代表着一个集团的。《小彼得》中写小资产阶级的几篇也有一个特色，就是在个性的描写里暗示着类型。这种手法表现着一种新意识，从前还不多见。这两部书最重要的是其中对于社会的新态度；虽还不能算是新兴文学的最进步的样子，但这个过渡时代，在现有的作家中，这些怕也算得是很不坏的努力了。这已出了本题的范围，还是不论罢。

读《心病》

从前看惯旧小说的人总觉得新小说无头无尾，捉摸起来费劲儿。后来习惯渐渐改变，受过教育的中年少年读众，看那些斩头去尾的作品，虽费点劲儿，却已乐意为之。不过他们还只知道着重故事。直到近两年，才有不以故事为主而专门描写心理的，象施蛰存先生的《石秀》诸篇便是；读众的反应似乎也不坏。这自然是一个进展。但施先生只写了些短篇；长篇要算这本《心病》是第一部。施先生的描写还依着逻辑的顺序，李先生的却有些处只是意识流的记录；这是一种新手法，李先生自己说是受了吴尔芙夫人等的影响。

《新月》四卷一号上有吴尔芙夫人《墙上一点痕迹》的译文。译者叶公超先生的识语里说：

所以，一个简单意识的印象可以引起无穷下意识的回想。这种幻影的回想未必有逻辑的连贯，每段也未必都完全，竟可以随到随止，转入与激动幻想的原物似乎毫无关系的途径。

若许我粗率地打个比方，这有点象电影里的回忆，朦朦胧胧的，渺渺茫茫的。《心病》里有几处最可以看出向这方面的努力。如穷鬼变成旧皮袍（十六面），电门变成母亲（百零九面），秦太太路中的思想（中卷第一章），刘妈洗衣服时的回想（一九八面）。但全书的描写，大体上还是有"逻辑的连贯"的。

书中几个重要人物都是些平常人：大学生，小官僚，官亲，旧式太太小姐。这些除秦绣英外都是不幸的人；自然以陈蔚成为最。他精神上受的压迫最多，自己叙得很详细（三二五至三二七面），因此颇有些"痴"，颇有些怪脾气；不说话，爱舅母的小脚，是显著的例子。他舅母（洪太太）是个"有识有为的妇人"，可是那份儿良心的责备也够她挣扎的。舅舅怯懦得出奇。陈蔚成的丈母（秦太太）受了丈夫的气，一心寄托在女儿和菩萨身上，看见一个穷叫化婆子，会那么惦记着，她兄弟（吴子青）会那么"死心眼儿"，她大女儿（绣云）出嫁前会那么"心烦",也怪。其实细心读了全书，觉得满是必然，一点不奇怪；只是穷叫化婆子一件，线索的确不清楚些。我们平常总不仔细地去分析人的心理，乍看本书的描写，觉得有些生疏，反常，静静去想，却觉得入情入理。

这几个人除秦绣英外，又都是压在礼教底下的人。陈蔚成知道舅舅舅母的罪恶，却"只有以一死了之"。他丈母与妻子（秦绣云）不用说是遵守礼教的。就是吴子青无理取闹，也仗着礼教做护符；就是洪太太，一劲儿怕人说闲话，也见出礼教的力量。他们都没有自己；这正是我们旧时代的遗影。除此以外，书中似乎还暗示着一种超人的力量。从头起就描写恐怖，超人的，人的：女鬼，结婚戒指忽然不见，胡方山的妻的死，陈蔚成中电，他的形体，他的白手套，尘封了的他住过的屋子。而且以谈鬼始，以谈鬼终。读完了这本书，真阴森森的有鬼气，似乎"运命"在这儿伸了一双手。但这个"运命"是有点神秘的，不是近代的"运命"观念，也许是爱伦坡的影响（作者写过一篇《影》，自己说受了这个人的影响），但在全书里是谐和的。

性格最分明的，陈蔚成之外要数洪太太，吴子青；这三个人在我们眼前活着。别人我们只知道一枝一节，好象传闻没有见面。中卷第二章写秦绣云姊儿俩在等妈从洪家回去的一下午。写绣云暗地里心焦，她妹子绣英却老逗着她玩儿。两个少女的心情，曲曲折折地传达出来，恰到好处。别处还免不了有堆砌的地方，这里没有。上卷胡方山占的篇幅太多了，有些臃肿的样子；特别是第九章，太平常的学生生活的一幕，与全书不称。书中所写，不过一个多月的事。上卷是陈蔚成自记，写洪家；中卷写秦家；下卷先写洪家，次写秦家，接着又是陈蔚成自记，写婚后——最后写秦绣云接到他的遗书。第一身与第三身错综地用着，不但不乱，却反觉得"合之则两美"，为的是两种口气各各用得在情在理，教读者觉得非用不可。全书虽只涉及小小的世界，在那小世界里，却处处关联着，几乎可以说是不漏一滴水，这儿见出智慧的力量。举一个最精密的例子：上面说过的中卷第二章里叙张妈问秦绣云（那时她正在暗地里心焦等妈回来）她嫁衣的料子——

　　　　也不知道为什么，她忽然多起心来。她的多心使她烦躁。

　　　　——等太太回来吧，这些事情真麻烦！

　　　　她的意思在衣料，然而不知道为什么却用了一个多数，好象"这些"能掩饰住她的自觉心。

多数与单数的效用，一般人是不大会这么辨别的。书中不少的幽默，读的时候象珠子似地滚过我们的眼。

叶圣陶的短篇小说

圣陶谈到他作小说的态度，常喜欢说：我只是如实地写。这是作者的自白，我们应该相信。但他初期的创作，在"如实地"取材与描写之外，确还有些别的，我们称为理想，这种理想有相当的一致，不能逃过细心的读者的眼目。后来经历渐渐多了，思想渐渐结实了，手法也渐渐老练了，这才有真个"如实地写"的作品。仿佛有人说过，法国的写实主义到俄国就变了味，这就是加进了理想的色彩。假使这句话不错，圣陶初期的作风可以说是近于俄国的，而后期可以说是近于法国的。

圣陶的身世和对于文艺的见解，顾颉刚先生在《隔膜》序里说得极详。我所见他的生活，也已具于另一文。这里只须指出他是生长在一个古风的城市——苏州——

中的人，后来又在一个乡镇——甪直——里住了四五年，一径是做着小学教师；最后才到中国工商业中心的上海市，做商务印书馆的编辑，直至现在。这二十年来时代的大变动，自然也给他不少的影响；辛亥革命，他在苏州；五四运动，他在甪直；五卅运动与国民革命，却是他在上海亲见亲闻的。这几行简短的历史，暗示着他思想变迁的轨迹，他小说里所表现的思想变迁的轨迹。

因为是"如实地写"，所以是客观的。他的小说取材于自己及家庭的极少，又不大用第一身，笔锋也不常带情感。但他有他的理想，在人物的对话及作者关于人物或事件的解释里，往往出现，特别在初期的作品中。《不快之感》与《啼声》是两个极端的例子。这是理智的表现。圣陶的静默，是我们朋友里所仅有；他的"爱智"，不是偶然的。

爱与自由的理想是他初期小说的两块基石。这正是新文化运动开始时的思潮；但他能用艺术表现，便较一般人为深入。他从母爱性爱一直写到儿童送一个小蚬回家，真算得博大周详。母爱的力量在牺牲自己；顾颉刚先生最爱读的《潜隐的爱》（见顾先生《火灾》序），是一篇极好的代表。一个孤独的蠢笨的乡下妇人用她全部的心与力，偷偷摸摸去爱一个邻家的孩子。这是透过一层的表现。性爱的理想似乎是夫妇一体，《隔膜》与《未厌集》中两篇《小病》，可以算相当的实例。但这个理想是不容易达到的；有时不免来点儿"说谎的艺术"（看《火灾》中《云翳》篇），有时母爱分了性爱的力量，不免觉得"两样"；夫妇不能一体时，有时更免不了离婚。离婚是近年常有的现象。但圣陶在《双影》里所写的是女的和男的离了婚，另嫁了一个气味相投的人；后来却又舍不得那男的。这是一个怪思想，是对夫妇一体论的嘲笑。圣陶在这问题上，也许终于是个"怀疑派"罢？至于广泛地爱人爱动物圣陶以为只有孩子们行，成人是只有隔膜与冷酷罢了。《隔膜》，《游泳》（《线下》中），《晨》便写的这一类情形。他又写了些没有爱的人的苦闷，如《归宿》里的青年，《春光不是她的了》里被离弃的妇人，《孤独》里的"老先生"都是的。而《被忘却的》（《火灾》中）里田女士与童女士的同性爱，也正是这种苦闷的另一样写法。

自由的一面是解放，还有一面是尊重个性。圣陶特别着眼在妇女与儿童身上。他写出被压迫的妇女，如农妇，童养媳，歌女，妓女等的悲哀；《隔膜》第一篇《一生》便是写一个农妇的。对于中等家庭的主妇的服从与苦辛，他也有哀矜之意。《春游》（《隔膜》中）里已透露出一些反抗的消息；《两封回信》里说得更是明白：女子不是"笼子里的画眉，花盆里的蕙兰"，也不是"超人"；她"只是和一切人类平等的一个'人'"。他后来在《未厌集》里还有两篇小说（《遗腹子》《小妹妹》），写重男轻女的传统对于女子压迫的力量。圣陶做过多年小学教师，他最懂得儿童，也最关心儿童。他以为儿童不是供我们游戏和消遣的，也不是给我们防老的，他们应有他们自己的地位。他们有他们的权利与生活，我们不应嫌恶他们，也不应将他们当作我们的具体而微看。《啼声》（《火灾》中）是用了一个女婴口吻的激烈的抗议；在圣陶的作品中，这是一篇仅见的激昂的文字。但写得好的是《低能儿》《一课》《义儿》《风潮》等篇；前两篇写儿童的爱好自然，后两篇写教师以成人看待儿童，以致有种种的不幸。其中《低能儿》是早经著名的。此外，他还写了些被榨取着的农人，那些都是被田租的重负压得不能喘气的。他憧憬着"艺术的生活"，艺术的生活是自由的，发展个性的；而现在我们的生活，却都被揿在些一定的模型或方式里。圣陶极厌恶这些模型或方式；在这些方式之下，他"只觉一个虚幻的自己包围在广大的虚幻里"（见《隔膜》中《不快之感》）。

圣陶小说的另一面是理想与现实的冲突。假如上文所举各例大体上可说是理想的正面或负面的单纯表现，这种便是复杂的纠纷的表现。如《祖母的心》(《火灾》中）写亲子之爱与礼教的冲突，结果那一对新人物妥协了；这是现代一个极普遍极葛藤的现象。《平常的故事》里理想被现实所蚕食，几至一些无余；这正是理想主义者烦闷的表白。《前途》与此篇调子相类，但写的是另一面。《城中》写腐败社会对于一个理想主义者的疑忌与阴谋；而他是还在准备抗争。《校长》与《搭班子》里两个校长正在高高兴兴地计划他们的新事业，却来了旧势力的侵蚀；一个妥协了，一个却似乎准备抗争一下。但《城中》与《搭班子》只说到"准备"而止，以后怎样呢？是成功？失败？还是终于妥协呢？据作品里的空气推测，成功是不会的；《城中》的主人公大概要失败，《搭班子》里的大概会妥协吧？圣陶在这里只指出这种冲突的存在与自然的进展，并没有暗示解决的方法或者出路。到写《桥上》与《抗争》，他似乎才进一步地追求了。《桥上》还不免是个人的"浪漫"的行动，作者没有告诉我们全部的故事；《抗争》却有"集团"的意义，但结果是失败了，那领导者做了祭坛前的牺牲。圣陶所显示给我们的，至此而止。还有《在民间》是冲突的别一式。

圣陶后期作品（大概可以说从《线下》后半部起）的一个重要的特色，便是写实主义手法的完成。别人论这些作品，总侧重在题材方面；他们称赞他的"对于城市小资产阶级的描写"。这是并不错的。圣陶的生活与时代都在变动着，他的眼从村镇转到城市，从儿童与女人转到战争与革命的侧面的一些事件了。他写城市中失业的知识工人（《城中》里的《病夫》）和教师的苦闷；他写战争时"城市的小资产阶级"与一部分村镇人物的利己主义，提心吊胆，琐屑等（如茅盾先生最爱的《潘先生在难中》及《外国旗》）。他又写战争时兵士的生活（《金耳环》）；又写"白色的恐怖"（如《夜》《冥世别》——《大江月刊》三期）和"目前政治的黑暗"（如《某城纪事》）。他还有一篇写"工人阶级的生活"的《夏夜》（《未厌集》，看钱杏邨先生《叶绍钧的创作的考察》，见《现代中国文学作家》第二卷）。他这样"描写了广阔的世间"；茅盾先生说他作《倪焕之》时才"第一次描写了广阔的世间"，似乎是不对的（看《读〈倪焕之〉》，附录在《倪焕之》后面）。他诚然"长于表现城市小资产阶级"（钱语），但他并不是只长于这一种表现；更不是专表现这一种人物，或侧重于表现这一种人物，即使在他后期的作品里。这时期圣陶的一贯的态度，似乎只是"如实地写"一点；他的取材只是选择他所熟悉的，与一般写实主义者一样，并没有显明的"有意的"目的。他的长篇作品《倪焕之》，茅盾先生论为"有意为之的小说"，我也有同感；但他在《作者自记》里还说："每一个人物，我都用严正的态度如实地写"，这可见他所信守的是什么了。这时期中的作品，大抵都有着充分的客观的冷静（初期作品如《饭》也如此，但不多），文字也越发精炼，写实主义的手法至此才成熟了；《晨》这一篇最可代表，是我所最爱的。——只有《冥世别》是个例外；但正如鲁迅先生写不好《不周山》一样，圣陶是不适于那种表现法的。日本藏原惟人《到新写实主义之路》（林伯修译）里说写实主义有三种。圣陶的应属于第二种，所谓"小布尔乔亚写实主义"；在这一点上说他是小资产阶级的作家，我可以承认。

我们的短篇小说，"即兴"而成的最多，注意结构的实在没有几个人；鲁迅先生与圣陶便是其中最重要的。他们的作品都很多，但大部分都有谨严而不单调的布局。圣陶的后期作品更胜于初期的。初期里有些别体，《隔膜》自颇紧凑，但《不快之感》及《啼声》，就没有多少精彩；又《晓行》《旅路的伴侣》两篇（《火灾》中），虽穿插颇费苦心，究竟嫌破碎些（《悲哀的重载》却较好）。这些时候，圣陶爱用抽象观念的比喻，如"失望之渊""烦闷之渊"等，在现在看来，似乎有些陈旧或浮浅了。他又爱用骈句，有时使文字失去自然的风味。而各篇中作者出面解释的地方，往往太正经，又太多。如《苦菜》（《隔膜》中）固是第一身的叙述，但后面那一个公式与其说明，也太煞风景了。圣陶写对话似不顶擅长。各篇中对话往往嫌平板，有时说教气太重；这便在后期作品中也不免。圣陶写作最快，但决非不经心；他在《倪焕之》的《自记》里说："斟酌字句的癖习越来越深"，我们可以知道他平日的态度。他最擅长的是结尾，他的作品的结尾，几乎没有一篇不波俏的。他自己曾戏以此自诩；钱杏邨先生也说他的小说，"往往在收束的地方，使人有悠然不尽之感。"

（十九年七月，北平清华园。）

读《湖畔》诗集

《湖畔》是潘漠华、冯雪峰、应修人、汪静之四君底诗选集，由他们的湖畔诗社出版。

作者中有三个和我相识；其余一位，我也知道。所以他们的生活和性格，我都有些明白。所以我读他们的作品，能感到很深的趣味。

现在将我读了《湖畔》以后所感到的写些出来，或可供已读者底印证，引未读者底注意。但我所能说的只是些直觉、私见，不能算做正式的批评，这也得声明在先。

大体说来，《湖畔》里的作品都带着些清新和缠绵底风格；少年的气分充满在这些作品里。这因作者都是二十上下的少年，都还剩着些烂漫的童心；他们住在世界里，正如住在晨光来时的薄雾里。他们究竟不曾和现实相肉搏，所以还不至十分颓唐，还能保留着多少清新的意态。就令有悲哀底景闪过他们的眼前，他们坦率的心情也能将他融和，使他再没有回肠荡气底力量；所以他们便只有感伤而无愤激了。——就诗而论，便只见委婉缠绵的叹息而无激昂慷慨的歌声了。但这正是他们之所以为他们，《湖畔》之所以为《湖畔》。有了"成人之心"的朋友们或许不能完全了解他们的生活，但在人生底旅路上走乏了的，却可以从他们的作品里得着很有力的安慰；仿佛幽忧的人们看到活泼泼的小孩而得着无上的喜悦一般。

就题材而论，《湖畔》里的诗大部是咏自然；其余便是漠华、雪峰二君底表现"人间的悲与爱"的作品。咏自然的大都宛转秀逸，颇耐人思，和专事描摹的不同。且随意举几首短的为例：

修人君底《豆花》：

豆花，
洁白的豆花，
睡在茶树底嫩枝上，
——萎了！

去问问，歧路上的姊妹们

决心舍弃了田间不曾？

———（七二页）

静之君底《小诗·二》：

风吹皱了的水，

没来由地波呀，波呀。

———（五页）

雪峰君底《清明日》：

清明日，

我沈沈地到街上去跑：

插在门上的柳枝下，

仿佛看见簪豆花的小妹妹底影子。

———（三七页）

咏人间的悲哀的，大概是凄婉之音，所谓"幽咽的哭的"便是了。这种诗漠华君最多，且举他的《撒却》底第一节：

凉风抹过水面，

划船的老人低着头儿想了。

流着泪儿，

尽力掉着桨儿，

水花四溅起，

他撇却他底悲哀了！

——（六〇页）

咏人间的爱的以对于被损害者和弱小者的同情为主，读了可兴起人们的"胞与之怀"，如雪峰君底《小朋友》：

在杭州最寂静的那条街上，

我有个不相识的小朋友。

一天我走过那里，

他立在他底门口，

看着我，一笑。

我问他，"你是哪个？"

他说，"我就是我呵。"

我又问他，"你姓甚？"

他说，"我忘却了。"

我想再问他，

他却回头走了。

后来，我常常去寻他，

却再也寻不到了。

但他总逃不掉是我底

不相识的小朋友呵！

——（一页）

和上一种题材相联的，是对于母性的爱慕；漠华君这种诗很多，雪峰、修人二君也各有一首。这些作品最教我感动；因为我是有母而不能爱的人！且举漠华君底《游子》代表罢：

破落的茅舍里，

母亲坐在柴堆上缝衣——

哥哥摔荡摔荡的手，

弟弟沿着桌圈儿跑的脚，

父亲看顾着的微笑，

都缕缕抽出快乐的丝来了，

穿在母亲缝衣底针上。

浮浪无定的游子，

在门前草地上息息力，

徐徐起身抹着眼泪走过去；

父亲干枯的眼睛，

母亲没奈何的空安慰，

兄弟姊妹底对哭，

那人儿底湿遍泪的青衫袖，

一切，一切在迷漠的记忆里

葬着的悲哀的影，

都在他深沈而冰冷的心坎里

滚成明莹的圆珠，

穿在那缝衣妇人底线上。

——（四二页）

　　就艺术而论，我觉漠华君最是稳练、缜密，静之君也还平正，雪峰君以自然、流利胜，但有时不免粗疏与松散，如《厨司们》《城外纪游》两首便是。修人君以轻倩、真朴胜，但有时不免纤巧与浮浅，如《柳》《心爱的》两首便是。

　　倘使我有说错底地方，好在有原书在，请他给我向读者更正罢。

　　（二二，五，一八，杭州。《文学旬刊》第三十九期。）

陶诗的深度

——评古直《陶靖节诗笺定本》

（层冰堂五种之三）

    注陶诗的，南宋汤汉是第一人。他因为《述酒》诗"直吐忠愤"，而"乱以廋诗，千载之下，读者不省为何语"，故加笺释。"及他篇有可发明者，亦并著之。"所以《述酒》之外，注的极为简略。后来有李公焕的《笺注》，比较详些；但不止笺注，还采录评语。这个本子通行甚久；直到清代陶澍的《靖节先生集》止，各家注陶，都跳不出李公焕的圈子。陶澍的《靖节先生年谱考异》，却是他自力的工作。历来注家大约总以为陶诗除《述酒》等二三首外，文字都平易可解，用不着再费力去作注；一面趣味便移到字句的批评上去，所以收了不少评语。

评语不是没有用，但夹杂在注里，实在有伤体例；仇兆鳌《杜诗详注》为人诟病，也在此。注以详密为贵；密就是密切、切合的意思。从前为诗文集作注，多只重在举出处，所谓"事"；但用"事"的目的所谓"义"，也当同样看重。只重"事"，便只知找最初的出处，不管与当句当篇切合与否；兼重"义"才知道要找那些切合的。有些人看诗文，反对找出处；特别象陶诗，似乎那样平易，给找了出处倒损了它的天然。钟嵘也曾从作者方面说过这样的话；但在作者方面也许可以这么说，从读者的了解或欣赏方面说，找出作品字句篇章的来历，却一面教人觉得作品意味丰富些，一面也教人可以看出那些才是作者的独创。固然所能找到的来历，即使切合，也还未必是作者有意引用；但一个人读书受用，有时候却便在无意的浸淫里。作者引用前人，自己尽可不觉得；可是读者得给搜寻出来，才能有充分的领会。古先生《陶靖节诗笺定本》用昔人注经的方法注陶，用力极勤；读了他的书才觉得陶诗并不如一般人所想的那么平易，平易里有的是"多义"。但"多义"当以切合为准，古先生书却也未必全能如此，详见下。

从《古笺定本》引书切合的各条看，陶诗用事，《庄子》最多，共四十九次，《论语》第二，共三十七次，

《列子》第三，共二十一次。曾用吴瞻泰《陶诗汇注》及陶澍注本比看，本书所引为两家所无者，共《庄子》三十八条，《列子》十九条；至于引《论语》处两家全未注出，当时大约因为这是人人必读书，所以从略。这里可以看出古先生爬罗剔抉的工夫；而《列子》书向不及《庄子》煊赫，陶诗引《列子》竟有这么多条，尤为意料所不及。沈德潜说："晋人诗旷达者征引《老》《庄》，繁缛者征引班扬，而陶公专用《论语》。汉人以下宋人以前，可推圣门弟子者渊明也。"照本书所引，单是《庄子》便已比《论语》多；再算上《列子》，两共七十次，超过《论语》一倍有余。那么，沈氏的话便有问题了。历代论陶，大约六朝到北宋，多以为"隐逸诗人之宗"，南宋以后，他的"忠愤"的人格才扩大了。本来《宋书》本传已说他"耻复屈身异代"等等①。经了真德秀诸人重为品题，加上汤汉的注本，渊明的二元的人格才确立了。但是渊明的思想究竟受道家影响多，还是受儒家影响多，似乎还值得讨论。沈德潜以多引《论语》为言。考渊明引用《论语》诸处，除了字句的胎袭，不外"游好在

① 拙著《陶渊明年谱中之问题》中有辩，见《清华学报》九卷二期。

《六经》，"忧道不忧贫"两个意思。这里《六经》自是儒家典籍，固穷也是儒家精神，只是"道"是什么呢？渊明两次说"道丧向千载"。但如何才叫做"道丧"，我们可以看《饮酒》诗第二十云："羲农去我久，举世少复真。汲汲鲁中叟，弥缝使其淳。""真"与"淳"都不见于《论语》。什么叫"真"呢？我们可以看《庄子·渔夫篇》云：

> 真者，所以受于天也。自然不可易也。故圣人法天贵真，不拘于俗。

"真"就是自然。"淳"呢？《老子》五十八章，"其政闷闷，其民淳淳"，王弼注云：

> 言善治政者无形无名，无事无政可举，闷闷然卒至于大治，故曰"其政闷闷"也。其民无所争竞，宽大淳淳，故曰"其民淳淳"也。

陶《劝农》诗云："悠悠上古，厥初生民，傲然自足，抱朴含真。"《感士不遇赋》云："……抱朴守静，君子之笃素。自真风告逝，大伪斯兴。……""抱朴"也是老子的话，也就是"淳"的一面。"真"和"淳"都是道家的观念，而渊明却将"复真""还淳"的使命加在孔子身上；此所谓孔子学说的道家化，正是当时的趋势。所以陶诗里主要思想实在还是道家。又查慎行《诗评》论《归园田居》诗第四云："先生精于释理，但不入社耳。"此指"人生似幻化，终当归空无"二语。但本书引《列子》《淮南子》解"幻化""归空无"甚确。陶诗里实在也看不出佛教影响。

陶诗里可以确指为"忠愤"之作者，大约只有《述酒》诗和《拟古》诗第九。《述酒》诗"庾词"太多，古先生所笺可以说十得六七，但还有不尽可信的地方，——比汤注自然详密得远了。《拟古》诗第九怕只是泛说，本书以为"追痛司马休之之败"，却未免穿凿。至于《拟古》诗第三、第七，《杂诗》第九、第十一，《读山海经》诗第九，本书也都以史事比附，文外悬谈，毫不切合，难以起信。大约以"忠愤"论陶的，《述酒》诗外，总以《咏荆轲》、《咏三良》及《拟古》诗、《杂诗》助成其说。汤汉说："三良与主同死，荆轲为主报仇，皆托古以自见。"其实"三良"与"荆轲"都是诗人的熟题目：曹植有《三良诗》，王粲《咏史》诗也咏"三良"；阮瑀有《咏史》诗二首，咏"三良"及荆轲事。渊明作此二诗，不过老实咏史，未必别有深意。真德秀、汤汉又以《拟古》诗第八"首阳""易水"为说；但还只是偶尔断章取义。刘履作《选诗补注》乃云："凡靖节退休后所作之诗，类多悼国伤时托讽之词。然不欲显斥，故以'拟古''杂诗'等目名其题"，二十一篇诗就全变成"忠愤"之作了。到了古先生，更以史事枝节傅会，所谓变本加厉。固然这也有所本，《诗·毛传·郑笺》可以说便是如此；但毛、郑所引史实大部分岂不也是不切合的！以上这些诗，连《述酒》在内，历来并不认为渊明的好诗。朱熹虽评《咏荆轲》诗"豪放"，但他总论陶诗，只说："平淡出于自然"，他所重的还是"萧散冲澹之趣"，便是那些田园诗里所表现的。田园诗总是渊明的独创；他到底还是"隐逸诗人之宗"，钟嵘的评语没有错。朱熹又说："陶欲有为而不能者也"，这却有些对的。《杂诗》第五云："忆我少壮时，无乐自欣豫。猛志逸四海，骞翮思远翥。"《饮酒》诗第十六及《荣木》诗也以"无成""无闻"为恨。但这似乎只是少壮时偶有的空想，他究竟是"少无适俗韵，性本爱丘山"的人。

钟嵘说陶诗"源出于应璩，又协左思风力"。应璩诗存者太少，无可参证。游国恩先生曾经想在陶诗字句里找出左思的影响。他所找出的共有七联，其中左思

《招隐》诗，"杖策招隐士，荒涂横古今"，确可定为渊明《和刘柴桑》诗"山泽久见招""荒途无归人"二语所本，"聊欲投吾簪"确可定为渊明《和郭主簿》诗第一"聊用忘华簪"所本。本书所举却还有左思《咏史》诗"寂寂扬子宅"（为渊明《饮酒》诗"寂寂无行迹"所本），"寥寥空宇中"（为渊明《癸卯岁十二月中作》"萧索空宇中"所本），"遗烈光篇籍"（同上"历览千载书，时时见遗烈"所本），及《杂诗》"高志局四海"（为渊明《杂诗》"猛志逸四海"所本）四句。不过从本书里看，左思的影响并不顶大；陶诗意境及字句脱胎于《古诗十九首》的共十五处，字句脱胎于嵇康诗赋的八处，脱胎于阮籍《咏怀》诗的共九处。那么，《诗品》的话就未免不赅不备了。但就全诗而论，胎袭前人的地方究竟不多；他用散文化的笔调，却能不象"道德论"而合乎自然，才是特长。这与他的哲学一致。象"结庐在人境，而无车马喧"，"人生归有道，衣食固其端。孰是都不营，而以求自安"。都是从前诗里不曾有过的句法；虽然他是并不讲什么句法的。

本书颇多胜解。如《命子》诗"既见其生，实欲其可"的"可"字，注家多忽略过去，本书却证明"题目入以'可'字，乃晋人之常。"《和刘柴桑》诗，题下引

《隋书·经籍志·注》，"梁有'晋'柴桑令《刘遗民集》五卷，《录》一卷。"证"刘柴桑"即"刘遗民"。此事向来只据李公焕注，得此确证，可为定论，又"弱女虽非男，慰情良胜无"，或以为比酒之醨薄，或以为赋，都无证据。本书解为比，引《魏书·徐遵传》及《世说》，以见"魏晋人每好为酒品目，靖节亦复尔尔"。《还旧居》诗"常恐大化尽，气力不及衰"，次句向无人能解；本书引《礼记·王制》"五十始衰"，及《檀弓·郑注》，才知"常恐……不及衰"，即常恐活不到五十岁之意。《饮酒》诗第十六"孟公不在兹，终以翳吾情"，旧注都以"孟公"为投辖的陈遵，实与本诗不切；本书据诗中境地定为刘龚，确当不易。又第十八前以杨子云自比，后复以柳下惠自比。这二人间的关系，向来无人能说；本书却引《法言》及他书证明"子云以柳下惠自比，故靖节以柳下惠比之"。又如《杂诗》第六起四句云："昔闻长老言，掩耳每不喜；奈何五十年，忽已亲此事！"诸家注都不知"此事"是何事。本书引陆机《叹逝赋序》"昔每闻长老追计平生同时亲故；或凋落已尽，或仅有存者……"，乃知指的是亲故凋零。

但书中也不免有疏漏的地方。如《停云》诗"岂无他人"，本书引《诗·唐风·杕杜》，实不如引《郑风·褰裳》切合些。《命子》诗"寄迹风云，冥兹愠喜"，下句本书引《庄子》为解，不如引《论语·公冶长》"令尹子文三仕为令尹，无喜色；三已之，无愠色。"《归园田居》诗第二"常恐霜霰至，零落同草莽"，上句无注，似可引《诗·小雅·颖弁》"如彼雨雪，先集维霰"，及《楚辞·九辩》"霜露惨凄而交下兮，心尚幸（幸）其弗济。霰雪雰糅其增加兮，乃知遭命之将至"。这两句诗是所谓赋而比的。《怨诗楚调示庞主簿邓治中》末云："慷慨独悲歌，钟期信为贤"，"钟期"明指庞、邓，意谓只有你们懂得我，不必引古诗为解。《答庞参军诗序》，"杨公所叹，岂惟常悲"；李公焕注，"杨公，杨朱也。"本书引《淮南子》杨子哭歧路故事，但未申其"义"。按《文选》有晋孙楚《征西官属送于陟阳候作》诗，起四句云："晨风飘歧路，零雨被秋草。倾城远追送，饯我千里道"；这里的"歧路"只是各自东西的歧路，而不是那"可以南可以北"的了。可见这时候"歧路"一词，已有了新的引申义；渊明所用便是这个新义。"杨公所叹"只是"歧路"的代语，"叹"字的意思是不着重的。《和郭主簿》诗第一末云："遥遥望白云，怀古一何深。"本书解云："遥遥望白云"即"富贵非吾愿，帝乡不可期"也。这原是何焯的话，富贵二语见《归去来辞》。但怀古与白云或帝乡究竟怎样关联呢？按《庄子·天地篇》，"华封人谓尧曰：'夫圣人鹑居而鷇饮，鸟行而无章。天下有道，与物皆昌。千岁厌世，去而上仙。乘彼白云，至于帝乡。三患莫至，身无常殃，则何辱之有！'"《怀古》也许怀的是这种乘白云至帝乡的古圣人。又第二末云："检素不获展，厌厌竟良月"，本书所解甚曲。"检素"即简素，就是书信；"检素不获展"就是接不着你的信。《饮酒》诗第十三"规规一何愚"，引《庄子·秋水》"适适然惊，规规然自失也"，不切，不如引下文"子乃规规然而求之以察，索之以辩"。《止酒》诗每句藏一"止"字，当系俳谐体。以前及当时诸作，虽无可供参考，但宋以后此等诗体大盛，建除、数名、县名、姓名、药名、卦名之类，不一而足，必有所受之。逆推而上，此体当早已存在，但现存的只《止酒》一首，便觉得莫名其妙了。本书引《庄子》"惟止能止众止"颇切；但此体源流未说及。

　　古先生有《陶靖节诗笺》，于民国十五年印行，已经很详尽。丁福保先生《陶渊明诗注》引用极多。《定本》又加了好些材料，删改处也有；虽然所删的有时并不应删，就如《停云》诗"搔首延伫"一句，原引《诗经·静女》"爱而不见，搔首踟蹰"和阮籍《咏怀》"感时兴思，企首延伫"，《定本》却将阮籍诗一条删去了。我们知道陶渊明常用阮诗，他那句话兼用《静女》及《咏怀》或从《静女》及《咏怀》脱胎，是很可能的；古先生这条注实在很切合。《定本》所改却有好的，如《饮酒》诗第十八的注便是（详上文）。《诗笺》中四言诗注未用十分力，《定本》这一卷里却几乎加了篇幅一半。

评郭绍虞《中国文学批评史》上卷

系统的自觉的文学批评著作，中国只有钟嵘的《诗品》；刘勰的《文心雕龙》，现在虽也认为重要的批评典籍，可是他当时的用意还是在论述各体的源流利病与属文的方法，批评不过附及罢了。这两部书以外，所有的都是零星的，片断的材料。这些材料却很早就有，例如《尚书·尧典》里"诗言志"一节（《伪孔传》此节在《舜典》中），及《论语》《孟子》中论《诗》的话；可是并不曾成为独立的学问。就是《诗品》与《文心雕龙》，在《隋书·经籍志》里，也还附列在集部的总集中间。直到宋王尧臣等的《崇文总目》，才在集部里立了文史一类，来安插这些书。郑樵《通志》却分为文史、诗评两类，明焦竑《国史经籍志》又合为诗文评类，清《四库全书提要》从之。但这种分类也不甚确定。再则，目录学上虽划分了独立的一类，而在一般学人心目中，这个还只是小道，算不得学问的。这一类书里也不尽是文学批评的材料；有些是文学史史料，有些是文学方法论。反过来说，别类书里倒蕴藏着不少的文学批评的材料，如诗文集、笔记、史书等。

现在写中国文学批评史有两大困难。第一，这完全是件新工作，差不多要白手成家，得自己向那浩如烟海的书籍里披沙拣金去。第二，得让大家相信文学批评是一门独立的学问，并非无根的游谈。换句话说，得建立起一个新的系统来。这比第一件实在还困难。郭君的书出版前七年，已经有人写过一本《中国文学批评史》。那似乎随手掇拾而成，并非精心结撰。取材只是人所熟知的一些东西，说解也只是顺文敷衍，毫无新意，所以不为人所重。郭君这部书，虽然只是上卷，我们却知道他已费了七八年工夫，所得自然不同。他的书虽不是同类中的第一部，可还得算是开创之作；因为他的材料与方法都是自己的。

这卷书所叙述的从周秦到北宋，分期的理由见《自序》（一至二面）。取材的范围广大，不限于诗文评，也不限于人所熟知的"论文集要"一类书，而采用到史书文苑传或文学传序，笔记，论诗诗等；也不限于文学方面，郭君相信"文学批评又常与学术思想发生相互连带的关系，因此中国的文学批评，即在陈陈相因的老生常谈中，也足以看出其社会思想的背景"（一至二面），所以随时引证思想方面的事件。这已不止于取材而兼是方法了。用这个方法为基本，他建立起全书的系统来。《自序》里说"此书编例，各时期中不相一致，有的以家分，有的以人分，有的以时代分，有的以文体分，更有的以问题分"（三面），关键全在思想背景的不同。思想影响文学批评之大，象北宋的道学，人人皆知；但象儒道两家的"神""气"说，就少有注意到的。书中叙入此种，才是探原立论。郭君还有一个基本的方法，就是分析意义，他的书的成功，至少有一半是在这里。例如"文学""神""气""文笔""道""贯道""载道"这些个重要术语，最是缠夹不清；书中都按着它们在各个时代或各家学说里的关系，仔细辨析它们的意义。懂得这些个术语的意义，才懂得一时代或一家的学说。他的分析也许还有未尽透彻的地方，如"情文"的分类（一二〇面）等，但大体是有结果的。

"文学批评"一语不用说是舶来的。现在学术界的趋势，往往以西方观念（如"文学批评"）为范围去选择中国的问题；姑无论将来是好是坏，这已经是不可避免的事实。但进一步，直用西方的分类来安插中国材料，却很审慎。书中用到西方分类的地方并不多，如真善美三分法（六三、一八九面），各类批评的名称（一〇三面）偶尔涉及，无庸深论；只有纯文学、杂文学二分法，用得最多，却可商榷。"纯文学""杂文学"是日本的名词，大约从 De Quincey 的"力的文学"与"知的文学"而来，前者的作用在"感"，后者的作用在"教"。这种分法，将"知"的作用看得太简单（知与情往往不能相离），未必切合实际情形。况所谓纯文学包括诗歌、小说、戏剧而言。中国小说、戏剧发达得很晚；宋以前得称为纯文学的只有诗歌，幅员未免过窄。而且这里还有一个问题，汉赋算不算纯文学呢？再则，书中说南北朝以后"文""笔"不分（一四一面），那么，纯与杂又将何所附丽呢？书中明说各时代文学观念不同，最好各还其本来面目，才能得着亲切的了解；以纯文学、杂文学的观念介乎其间，反多一番纠葛。又书中以魏晋南北朝的文学观念与我们的相同（三面），称为"离开传统思想而趋于正确"（八面）。这里前半截没有甚么问题，后半截以我们自己的标准，衡量古人，似乎不大公道。各时代的环境决定各时代的正确标准，我们也是各还其本来面目的好。

此外可以商榷的还有几处。如《诗》六义中"赋""比""兴"三者影响后世诗论极大，而"比兴"更是历代评诗的金科玉律；甚至清代词人也用此标准。书中《经学家之论诗见解》一章未详说此层，仅云："汉人解诗之失只在泥于王道"，似乎是不够的。又论"八病"以为沈约所谓"轻""重"，刘勰所谓"飞""沈"即后世所谓"平""侧"；按阮元《揅经室续集·文韵说》，邹汉勋《遗书·五均论》(《五音二十五论》之三)及胡小石君《中国文学史》中都有此说，可资引证。又唐人选唐诗中如《河岳英灵》《中兴闲气》诸集，多有叙文或评语，足供钩稽。这些人论诗、选诗，自成一派(参看朱东润《司空图诗论综述》，见《武汉大学文哲季刊》三卷二号)，似当列一专章论之。又书中有几节专载书目提要，颇伤体例，再版时似可删去。又书中分期，以南宋、金、元直至现代为"文学批评完成期"。"完成"一语，暗示止境，不如改"集成期"好些。这末了两层郭君在《自序》中已提起一些了。

（《清华学报》第九卷第四期，一九三四年十月。）

诗文评的发展

——评罗根泽《中国文学批评史》① 与
朱东润《中国文学批评史大纲》②

"文学批评"是一个译名。我们称为"诗文评"的，与文学批评可以相当，虽然未必完全一致。我们的诗文评有它自己的发展；现在通称为"文学批评"，因为这个名词清楚些，确切些，尤其郑重些。但论到发展，还不能抹杀那个老名字。老名字代表一个附庸的地位和一个轻蔑的声音——"诗文评"在目录里只是集部的尾巴。原来诗文本身就有些人看作雕虫小技，那么，诗文的评更是小中之小，不足深论。一面从《文心雕龙》和《诗

---

① 商务印书馆出版。
② 开明书店出版。

品》以后，批评的精力分散在选本和诗话以及文集里，绝少系统的专书，因而也就难以快快的提高自己身分。再说有许多人以为诗文贵在能作，评者往往不是作手，所评无非费话，至多也只是闲话。不过唐宋以来，诗文评确还在继承从前的传统发展着，各家文集里论文论诗之作，各家诗话，以及选本、评选本、评点本，加上词话、曲品等，数量着实惊人。诗文评虽在附庸地位，却能独成一类，便因为目录学家不得不承认这种发展的情势。但它究竟还在附庸地位，若没有"文学批评"这个新意念新名字输入，若不是一般人已经能够郑重的接受这个新意念，目下是还谈不到任何中国文学批评史的。

清末我们开始有了中国文学史。"文学史"虽也是输入的意念，但在我们的传统中却早就有了根苗。六朝时沈约、刘勰都论到"变"，指的正是文学的史的发展，所以这些年里文学史出的不算少，虽然只有三四本值得读的。中国文学批评史的出现，却得等到五四运动以后，人们确求种种新意念新评价的时候。这时候人们对文学取了严肃的态度，因而对文学批评也取了郑重的态度，这就提高了在中国的文学批评——诗文评——的地位。二十年来我们已经有了至少五种中国文学批评史，进展算是快的。在西方，贵创作而贱批评的人也不少，他们虽有很多文学批评的著作，但文学批评史一类著作似乎还是比文学史少得多。我们这二十来年里，文学批评史却差不多要追上了文学史。这也许因为我们正在开始一个新的批评时代，一个从新估定一切价值的时代，要从新估定一切价值，就得认识传统里的种种价值，以及种种评价的标准；于是乎研究中国文学的人有些就将兴趣和精力放在文学批评史上。再说我们对现代中国文学所用的评价标准，起初虽然是普遍的——其实是借用西方的——后来就渐渐参用本国的传统的，如所谓"言志派"和"载道派"——其实不如说是"载道派"和"缘情派"。文学批评史不止可以阐明过去，并且可以阐明现在，指引将来的路；这也增高了它的趣味与地位。还有，所谓文学遗产问题，解决起来，不但用得着文学史，也用得着文学批评史。中国文学批评史发展得相当快，这些情形恐怕都有影响。

第一个人大规模搜集材料来写中国文学批评史的，得推郭绍虞先生。他搜集的诗话，我曾见过目录，那丰富恐怕还很少有人赶得上的。他写过许多单篇的文字，分析了中国文学批评里的一些重要的意念，启发我们很多。可惜他那部《中国文学批评史》只出了上册，又因为写的时期比较早些，不免受到不能割爱之处，加上这种书还算在草创中，体例自然难得谨严些。罗先生的书，情形就不相同了。编制便渐渐匀称了，论断也渐渐公平了。这原也是自然之势。罗先生这部书写到五代为止，比郭先生写到北宋的包括的时期短些，可是详尽些。这原是一部书，因为战时印刷困难，分四册出版，但第四册还没有出。就已出的三册而论，这是一部值得细心研读的《中国文学批评史》。"文学批评"原是外来的意念；我们的诗文评虽与文学批评相当，却有它自己的发展，上文已经提及。写中国文学批评史，就难在将这两样比较得恰到好处，教我们能以靠了文学批评这把明镜，照清楚诗文评的面目。诗文评里有一部分与文学批评无干，得清算出去；这是将文学批评还给文学批评，是第一步。还得将中国还给中国，一时代还给一时代。按这方向走，才能将我们的材料跟那外来意念打成一片，才能处处抓住要领；抓住要领以后，才值得详细探索起去。罗先生的书除《绪言》似乎稍繁以外，只翻看目录，就教人耳目清新，就是因为他抓得住的原故。他说要兼揽编年、纪事本末、纪传三体之长，创立一种"综合体"。有时也不必拘泥体例：如就一般的文学批评而言，隋唐显与魏晋南北朝不同，所以分为两期。但唐初的音律说，则传南北朝衣钵，便附叙于南北朝的音律说后。他要做到章学诚所谓"尽其天而不益以人"的客观态度（一册三六至三八面）。能够这样才真能将一时代还给一时代。《隋唐文学批评史》开宗明义是两章"诗的对偶及作法"上下。乍看目录，也许觉得这种琐屑的题目不值得专章讨论，更不值得占去两章那么重要的地位；可是仔细读下去，才知道它的重要性比"音律说"（在二册中占两章）有过之无不及，著者特别提出，不厌求详，正是他的独见；而这也正是切实的将中国还给中国的态度。

《绪言》里指出"西洋的文学批评偏于文学裁判及批评理论，中国的文学批评偏于文学理论"。"中国的批评，大都是作家的反串，并没有多少批评专家。作家的反串，当然要侧重理论的建设，不侧重文学作品的批评。"又说中国的"批评不是创作的裁判，而是创作的领导"。他以为这是因为中国文化"尚用重于尚知，求好重于求真"。这里指出的事实大体是不错的；说是"尚用重于尚知"，也有一部分真理。但是说作家反串的"就当然侧重理论"，以及"求好重于求真"，似乎都还可以商榷。即如曹丕、曹植都是作家，前者说文人"各以所长，相轻所短"（《典论·论文》），后者更说"常好人讥弹其文，有不善者应时改定"（《与杨德祖书》），都并不侧重理论。罗先生称这些为"鉴赏论"，鉴赏不就是创作的批评或裁判么？照罗先生的意思，这正是求真；照曹植的话看，这也明明是求好——曹丕所谓长短，也是好与不好的别名。而西方的文学裁判或作家作品的批评，一面固然是求真，一面也还是求好。至于中国的文学理论，如载道说，却与其说是重在求好，不如说是重在求真还贴切些。总之，在文学批评里，理论也罢，裁判也罢，似乎都在一面求真，同时求好。我们可以不必在两类之间强分轻重。至于中国缺少作家作品的系统的批评，儒家尚用而不尚知，固然是一个因子，道家尚玄而不尚实，关系也许更大。原来我们的"求好"的艺术论渊源于道家，而道家不信赖语言，以为"言不尽意"，所以崇尚"无端崖之辞"。批评到作家和作品，便不免着实，成了"小言"有端崖之辞，或禅宗所谓死话头。所以这种批评多少带一点"陋"；陋就是见小不见大。中国文学批评就此没有得着充分的发展；它所以不能成为专业而与创作分途并进，也由于此。至于现代西方人主张"创作必寓批评"，"批评必寓创作"，如书中所引朱光潜先生的话，却又因为分业太过，不免重枝节而轻根本，所以百尺竿头，更进一步。这一步为的矫正那偏重的情形，促进批评的更健全的发展。但那批评和创作分业的现象，还要继续存在，因为这是一个分业的世界。中国对作家和作品的批评，钟嵘《诗品》自然是最早的一部系统的著作，刘勰《文心雕龙》也系统的论到作家，这些个大家都知道。但是大家都忽略了清代几部书。陈祚明的《古诗选》，对入选作家依次批评，以辞与情为主，很多精到的意思。《四库全书总目提要》集部各条，从一方面看，也不失为系统的文学批评，这里纪昀的意见为多。还有赵翼的《瓯北诗话》分列十家，家各一卷，朱东润先生说是"语长而意尽，为诗话中创格"（《批评史大纲》），也算得系统的著作。此外就都是零碎材料了。罗先生提到"制艺选家的眉批总评"，以为毫无价值。这种选家可称为评点家。评点大概创始于南宋时代，为的是给应考的士子揣摩；这种选本一向认为陋书，这种评点也一向认为陋见。可是这种书渐渐扩大了范围，也扩大了影响，有的无疑的能够代表甚至领导一时创作的风气，前者如宋末方回的《瀛奎律髓》，后者如明末钟惺、谭元春的《古唐诗归》。文学批评史似乎也应该给予这种批评相当的地位，才是客观的态度。其实选本或总集里批评作家或作品的片段的话，是和选本或总集同时开始的。王逸的《楚词章句》，该算是我们第一部总集或选本，里面就有了驳班固论《离骚》的话。班氏批评屈原和《离骚》，王氏又批评他的批评，这已经发展到二重批评的阶段了。原来我们对集部的工作，大致有两个方向。一是笺注，是求真；里面也偶有批评，却只算作笺注的一部分。《楚辞章句》里论《离骚》，似乎属于这一类。又如《文选》里左思《魏都赋》张载注，论到如何描写鸟将飞之势，如何描写台榭的高，比较各赋里相似的句子，指出同异，显明优劣，那更清楚的属于这一类。二是选录，是求好；选录旨趣大概见于序跋或总论里，有时更分别批评作家以至于作品。晋代挚虞的《文章流别论》和李充的《翰林论》是开山祖师，他们已经在批评作家和作品了。选本的数量似乎远在注本之上，但是其中文学批评的材料并不多，完整的更少，原因上文已经论及。别集里又论诗文等的书札和诗，其中也少批评到作家和作品；序跋常说到作家了，不过敷衍的，批评的少，批评到作品的更是罕见。诗话文话等，倒以论作家和作品为主，可是太零碎，摘句鉴赏，尤其琐屑。史书文苑传或文学传里有些批评作家的话，往往根据墓志等等。墓志等等有时也批评到作品，最显著的例子是元稹作的杜甫的《墓志铭》，推尊杜甫的排律，引起至今争议莫决的李杜优劣论。从以上所说，可见所谓文学裁判，在中国虽然没有得着充分的发展，却也有着古久的渊源和广远的分布。这似乎是不容忽视的。

但是罗先生这部书的确能够借了"文学批评"的意念的光，将我们的诗文评的本来面目看得更清楚了，他在《魏晋六朝文学批评史》里特立专章阐述"文体类"的理论。从前写文学史及文学批评史的人都觉得这种文体论琐屑而凌乱，没有给予充分的注意。可是读了罗先生的叙述和分析，我们能以看出那种种文体论正是作品的批评。不是个别的，而是综合的；这些理论指示人们如何创作如何鉴赏各体文字。这不但见出人们如何开始了文学的自觉，并见出六朝时那新的"净化"的文学概念如何形成。这是失掉的一环，现在才算找着了，连上了。这一分册里《文学概念》一章，叙述也更得要领，其中"萧纲的鼓吹郑邦文学"和"徐陵的编辑《丽人》艳歌"，各占了一个独立的节目。还有上文提过的第三分册的头两章《诗的对偶及作法》，跟"文体类"有同样的作用，见出律诗是如何发展的，也见出"元稹、白居易的社会诗论"的背景的一面来。再说魏晋时代开始了文学的自觉以后，除文体论外，各种的批评还不少。这些批评，以前只归到时代或作家批评家的名下，本书却分立"创作论"和"鉴赏论"两章来阐述，面目也更清楚了。《周秦两汉文学批评史》里还提到"古经中的辞令论"，这也是失掉的一环。春秋是"诗"和"辞"的时代；那时"诗"也当作"辞"用，那么，也可以说春秋是"辞"的时代。战国还是"辞"的时代。辞令和说辞如何演变为种种文体，这里不能讨论（章学诚《文史通义·诗教篇》曾触及这问题，但他还未认清"辞"的面目）；现在只想指出孔子的"辞达而已矣"那句话和《易》传里"修辞立其诚"那句话，对后世文论影响极大，而这些原都是论"辞"的。从这里可见"辞令论"的重要性。可是向来都将"文"和"辞"混为一谈，又以为"辞"同于后世所谓的"文辞"，因此就只见其流，不见其源了。《文选》序曾提出战国的"辞"，但没有人注意。清代阮元那么推重《文选》，他读那篇序时，却也将这一点忽略了。罗先生现在注意到"古经中的辞令论"，自然是难得的，只可惜他仅仅提了一下没有发挥下去。第三分册里叙述史学家的文论，特立"文学史观"一个节目；这是六朝以来一种新的发展，是跟着文学的自觉和文学概念的转变来的。前面说过"文学史"的意念在我们的传统中早就有了根苗，正是指此。以前的文学史等，却从没有这么清楚的标目，因此就隐蔽了我们传统中这个重要的意念。这一分册叙述"古文论"，也很充实，关于韩愈，特别列出"不平则鸣"与"文穷益工"一目。这是韩愈的重要的文学见解，不在"惟陈言之务去"以下，但是向来没有得着应得的地位。本书《绪言》中说到"解释的方法"，有"辨似"一项，就是分析词语的意义，在研究文学批评是极重要的。文学批评里的许多术语沿用日久，象滚雪球似的，意义越来越多。沿用的人有时取这个意义，有时取那个意义，或依照一般习惯，或依照行文方面，极其错综复杂。要明白这种词语的确切的意义，必须加以精密的分析才成。书中如辨汉代所谓"文"并不专指诗赋，又如论到辞赋的独特价值就是在"不同于诗"，而汉人将辞赋看作诗，"辞赋的本身品性，当然被他们埋没不少，辞赋的当时地位，却赖他们提高好多"，都是用心分析的结果，这才能辨明那些疑似之处。

朱先生的《中国文学批评史大纲》,《自序》里说"这本书的叙述特别注重近代的批评家"；他的书大部分以个别的批评家标目，直到清代《白雨斋词话》的著者陈廷焯为止。他的"远略近详"的叙述恰好供给我们的需要，弥补我们的缺憾。这还是第一部简要的中国文学批评全史，我们读来有滋味的。这原是讲义稿，不是"详密的中国文学批评史"，《自序》里说得明白。我们只能当它"大纲"读着；有人希望书里叙述得详备些，但那就不是"大纲"了。《自序》中还说这本书是两次稿本凑合成的，现在却只留下一处痕迹，第三十七章里说"东坡、少游于柳词皆不满，语见前"，前面并不见；这总算不错了。作为"大纲"，本书以批评家标目，倒是很相宜的；因为如《自序》所说，"这里所看到的，常常是整个的批评家"。朱先生关于中国文学批评的著作很多，《读诗四论》之外，还有许多研究历代批评家的论文，曾载在武汉大学的《文哲学报》上，现在听说已集成一书，由上海开明书店印行了。《读诗四论》和那些论文都够精详的，创见不少。他取的是客观的分析的态度。《大纲》的《自序》里提到有人"认为这本书不完全是史实的叙述，而有时不免加以主观的判断"。朱先生承认这一点，他提出"史观的问题"，说"作史的人总有他自己的立场"。本书倒是有夹叙夹议的，读来活泼有味，这正是一因。但是朱先生的史观或立场，似乎也只是所谓"释古"，以文学批评还给文学批评，中国还给中国，一时代还给一时代。这似乎是现代的我们一般的立场，不见其特别是朱先生主观的地方。例如书中叙"盛唐"以后论诗大都可分二派："为艺术而艺术，如殷璠、高仲武、司空图等"，"为人生而艺术，如元结、白居易、元稹等"。两派的存在得着外来的意念来比较而益彰。又如论袁枚为王次回辩护道："次回《疑雨集》，与《随园诗话》所举随园、香亭兄弟之诗论之，非特与男女性情之得其正者无当，即赠勺采兰，亦不若是之绘画裸陈也。……若因风趣二字，遂使次回一派，以孽子而为大宗，固不可矣。"这可以说是"雅正"的传统，不过是这时代已经批评的接受了的，和上例那一对外来的传统的意念的地位一般。这些判断都反映着我们的时代，与其说是主观的，不如说是客观的，可是全书以陈廷焯作殿军，在这末一章里却先叙庄棫、谭献道："清人之词，至庄、谭而局势大定，庄、谭论词无完书，故以亦峰（廷焯字亦峰）之说终焉。"这个判断是客观的，但标目不列代表的批评家庄、谭，只举出受庄氏影响的陈氏，未免有些偏畸或疏忽。然而这种小节是不足以定主客观之辨的。

《大纲》以个别的批评家标目，这些批评家可以说都是代表一个时代、一个派别或一种理论的批评家，著者的长处在能够根据客观的态度选出了一些前人未曾注意的代表批评家。如南宋反对"江西派"的张戒，清代论诗重变的叶燮，第一个有文学批评史的自觉的纪昀，创诗话新格的赵翼，他们的文学批评，一般的文学史，似乎都不大提及，有些简直是著者第一次介绍和我们相见。此外如金人瑞和李渔各自占了一章的地位，而袁宏道一章中也特别指出他推重小说戏曲的话，这些都表现着现代的客观态度。这种客观的态度，虽然是一般的，但如何应用这种态度，还得靠著者的学力和识力而定，并不是现代的套子，随意就可以套在史实上。论金人瑞批评到他的评点，并征引他的《西厢记》评语，论钟惺、谭元春一章也征引《诗归》里的评语；论到近代批评，是不能不给予评点公平的地位的。因此想到宋元间的评点家刘辰翁，他评点了很多书，似乎也应该在这本书里占个地位。书中论曹丕兄弟优劣，引王夫之《姜斋诗话》："曹子建之于子桓，有仙凡之隔，而人称子建，不知子桓，俗论大抵如此。"以为"此言若就文学批评方面论之，殆不可废"，最是公平的断语。又评钟嵘持论"归于雅正"；向来只说钟氏专重"自然英旨"，似乎还未达一间。至于论严羽："吾国文学批评家，大抵身为作家，至于批判古今，不过视为余事。求之宋代，独严羽一人，自负识力，此则专以批评名家者。"这确是独到之见。两宋诗话的发达，培养出这种自觉心，也是理有固然，只是从来没人指出罢了。其他如论元稹"持论虽与白居易大旨相同，而所见之范围较大，作诗之母题较多，故其对人之批评，亦不若居易之苛"。论柳冕"好言文章与道之关系，与韩愈同，然有根本不同者，愈之所重在文，而冕之所重在道"。似乎也都未经人说及。书中又指出陆机兄弟"重在新绮"，而皇甫谧和左思的《三都赋序》持"质实"之说；人们一向却只注意到齐代裴子野的《雕虫论》。明初高棅的《唐诗品汇》列杜甫为大家，好象推尊之至，但书中指出他不肯当杜甫是"正宗"。韩愈的文统——文统说虽到明代茅坤才明白主张，但韩愈已有此意，这里依郭绍虞先生的意见——，《五经》而下，列举左氏、庄、《骚》、太史公、司马相如、刘向、扬雄（《进学解》《答刘正夫书》）。本书指出明代王世贞又以庄、列、淮南、左氏为"古四大家"，这种异同该是很有意义的。又如引曾国藩日记"古文之道，与骈体相通"，说"此为曾氏持论一大特点，故其论文，每每从字句声色间求之"。这也关系一时代一派别的风气。以上各例，都可见出一种慎思明辨的分析态度。

历史在战斗中

——评冯雪峰《乡风与市风》[①]

　　雪峰先生最早在《湖畔》中以诗人与我们相见，后来给我们翻译文学理论，现在是给我们新的杂文了。《乡风与市风》是杂文的新作风，是他的创作；这充分地展开了杂文的新机能，讽刺以外的批评机能，也就是展开了散文的新的机能。我们的白话散文，小说除外，最早发展的是长篇议论文和随感录，随感录其实就是杂文的一种型。长篇议论文批判了旧文化，建设起新文化；它在这二十多年中，由明快而达到精确，发展着理智的分析机能。随感录讽刺着种种旧传统，那尖锐的笔锋足以

---

　　① 作家书屋出版。

教人啼笑皆非。接着却来了小品文，虽说"天地之大，苍蝇之微"，无所不有，然而基础是打在"身边琐事"上。这只是个人特殊的好恶，表现在玩世哲学的光影里。从讽刺的深恶痛疾到玩世的无可无不可，本只相去一间；时代的混乱和个性的放弛成就了小品文的一时之盛。然而盛极则衰，时代的路向渐渐分明，集体的要求渐渐强大，现实的力量渐渐逼紧；于是杂文便成了春天第一只燕子。杂文从尖锐的讽刺个别的事件起手，逐渐放开尺度，严肃的讨论到人生的种种相，笔锋所及越见深广，影响也越见久远了。《乡风与市风》可以说正是这种新作风的代表。

"乡风"是农民和下层社会妇女的生活的表现，"市风"是大都会知识者生活的表现。前者似乎比较单纯些，一面保守着传统，一面期待着变。后者就复杂得多，拥抱过去，憧憬将来，腐蚀现在，各走各的路，并且各说各的理。传统是历史，过去是历史，那期待，那憧憬，甚至那腐蚀，也是历史孕育出来的，所谓矛盾的发展。雪峰先生教人们将种种历史的责任"放在自己的肩上"，"因为这个历史到底是我们自己的历史"；这样才能够"走上自觉的战斗的路"。这是现在的战斗，实际的战斗；必须整个社会都走上这条路，而且"必须把战线伸展到生活和思想的所有的角落去"。这战斗一面对抗着历史，一面领导着历史。人们在战斗中，历史也在战斗中。可是"乡风"也好，"市风"也好，现在都还没有自觉的向战斗的路上吹，本书著者所以委曲的加以"分析，批判，以至否定"，来指明这条路。

乡风的主角农民和妇女，大抵是单纯的。他们相信还好主义，相信烈女节妇，似乎都是弱者的表现；可是也会说"世界是总要变一变的"。有时更"不惜自己的血"去反抗敌人，象书中所记浙东的种种情形，"这便是弱者在变成强者"了。单纯得善良，也单纯得勇敢，真是的，根柢在"对于现实生活的执着"。书中论一个死了丈夫或死了儿子的乡下女人的啼哭，说这个道理，最为鞭辟入里：

> 但最主要的，是她在这样的据点上，用以和人生结合的是她的劳动和她的生命，和丈夫或儿子谋共同生活，共同抵抗一切患难与灾害，对一切都以自己的劳动和生命去突击，于是，单纯而坚实的爱就从为了生活的战斗中产生。唯其以自己的劳动和生命向着"利害的""经济的"生活突击，于是超"利害的"，超"经济的"爱和爱的力就又那样的

强毅，那样的浑然而朴真（也正是在这上面，消费阶层的人们立即显出了自私和薄情了）。而在生活的重压下，却不仅这爱和爱的力不能不表现为一切的坚忍，集中于对于现实生活的执着，并且因此就更黏住那据点，更和那据点胶结得紧了，——这又是生活限制了他们，使他们不能走得更远一点。于是，一到所黏住的据点失去，便不能不被无边际的朦胧所压迫，被空虚所侵，而感到无可挽救似的凄凉。（一一六至一一七面）

这种单纯的执着，固然是由历史在支配着，可是这种执着的力量，若有一天伴随上"改进自己的地位的要求"，却能够转变历史；过去如此，现在也如此，这便是"市风"的主角知识者，如今是生活在"混乱"中。"这正是旧的生活观念的那一向还巩固的物质基础，也被实际生活的冲击而动摇着了罢？"不错的。于是有些人将注子压在"老大"上，做着复古的梦，但是"老大""只作为造成历史的矛盾的地盘而有用"，"历史的矛盾"就是历史在战斗中，"老大"该只是战斗的经验多的意思才有道理。除了这样看，那就老大也罢，古久也罢，反正过去了，永远过去了，永远死亡了（一个梦，一个影子，抓不住的）；又有些"自赏"着美丽的理想。而这也只是"对于永远过去了的白昼的没有现实根据的梦想，以对于黄昏的依恋及其残存的微光，注向于黑黑的午夜，仿佛有那么一支发着苍白的光的蜡烛，奄奄一息地在黑影里朦胧地摇晃"。"这样的理想主义当然是所谓苍白的，而拥抱它的人也自然是苍白无力的人；这一拥抱就是他的消失！"那拥抱过去的人虽不一定"苍白无力"，可也不免外强中干——外强是自大，中干是自卑。总之，这两种人都是空虚的：

> 如果我们是因为空虚，则无论拥抱过去时代，无论拥抱将来的美的世界，都依然是空虚的罢。假如我们的空虚是从我们现在而来的，那么我们便会真实的觉得：过去时代象是灰白的尸体，而美的将来也简直是纸糊的美人。（一三五面）

重节操的人似乎算得强者了。然而至多只做到了有所不为的地步；其次由于"胆小而虚伪的历史观察和对于人生实践的迂拙而消极的态度"，更只止于洁身自好，真是落到了"为节而节'的末路，又其次"终于将这德行还附上了庸俗的和矫揉造作以至钓名沽誉的虚伪的面目"。一向士大夫所以自立，所以自傲的这德行，终于在著者的书页里见得悲哀，空虚，甚至于虚无了。他在《谈士节兼论周作人》一文的结尾道："我们是到了新的时代；历史的悲哀和空虚将结束于伟大的叛逆，也将告终于连这样的空虚和悲哀也不可能了的时代。"这末尾一语简直将节操否定得无影无踪；可是细心读了那上文委曲的分析，切实的批判，便知这否定决非感情用事，而不由人不相信。这篇文字论士节这般深透，我还是初见，或许是书中最应该细心读的。还有，悲观主义也由空虚而来。这是"象浮云一般的东西，既多变化，而又轻如天鹅绒似的"。在悲观者本人"也只是一种兴奋剂，很难成为一种动力，对于人也至多有一点轻尘似的拂扰之感，很少有引起行为的影响"。但是如愤世者所说，"现在是连悲观也悲观不起来也"。悲观者自己是疲劳了，疲劳到极点了，于是随波逐流，行尸走肉，只是混下去。这就比悲观主义更危险，更悲哀。

著者特别指出这样一种人：

　　　用厌烦的心情去看可厌烦的世界，可并不会因此引起对于世界的绝望或反抗，却满足于自己的厌烦，得意着他那已经浸入到灵魂深底里去的一些文化上的垃圾，于是对一切都冷淡，使自己完全游泛在自私的市侩主义里。……这种人是一种混杂体……蒙盖在厌世的个人主义下面，实质上是市侩主义和赤精的利己主义。（一二九面）

　　这里指的就是三十年来流行世界的玩世主义，也正是空虚或虚无的表现。著者认为绝对的虚无主义就是绝对的利己主义；因为"人虚无到绝对的时候，实在就非利己到绝对不可，那时，就连虚无主义也并非必要的了。反之，如果要利己到绝对，也就非虚无到绝对不可"。他认为市侩主义正是一种虚无主义，所以也就是一种利己主义了。这利己主义到了"惟利是逐"的地步，"却是非空虚到极点不可。现在人都以'心目中无国家民族'一句话，咒骂并不以惟利是逐，或利己主义为羞了的人们，殊不知在他们的心底的深处，是在感到连他们自己都快要不存在了"。这种种都是腐蚀现在的人。

　　这种种"市风"其实都是历史在战斗中的曲折的阵势，历史在开辟着那自觉的路。著者曾指出"老人"也可以有用，又说"还有那在黎明以前产生的理想主义"，是会成为现实主义的；又说悲观主义者也会变成战士。

这些也都在那曲折的阵势或"历史的矛盾"中。有了这些，那自觉的战斗的路便渐渐分明了。"人总是主动的"，"必须去担当社会矛盾的裂口和榨轧；去领受一种力以抵抗另一种相反的力"。这里"人"指人民也指个人。

> 大概，人原是将脚站在实地上才觉得自己存在的罢，也原是以自己的站，自己的脚力，去占领世界的罢。……人怎能不从世界得到生活的实践的力，又怎能不从自己的实践去归入到世界的呢？

（一六六至一六八面）

这就是"相信自己有力量"，就是"自信"。这里说到世界。著者认为"高度的民族文化是向着更广泛的高度的人类价值的发展；而在战斗的革命的民族，这就是民族之高度的革命性的表现"。

说到战斗，自然想到仇恨，许多人特别强调这仇恨。著者自然承认这仇恨的存在，但他说"爱与同情心之类，在现在，其实大半是由仇恨与仇恨的斗争所促成的"。他说：

人类的悠久的生活斗争的历史，在人类精神上的最大的产物是理性和对同类的爱，但这两者都是从利害的相同的自觉上而发生，而发展起来的。人们在相互之间追寻着同情和同类的爱者，主要地是受理性指使，起因于相互的利害关系，也归结于相互的利害关系。（一五三面）

　　然而"人在社会的利害关系中不仅从社会赋予了个人，同时也时时在从个人向社会突进着，赋予着的。而这种赋予的关系及其力量，在为共同利害的斗争上，就特别表现得明白并发展到高度"。于是"在共同利害的关系中便发生起利害的关系，在为共同利害的斗争中便产生超利害的伟大的精神。——人类的出路就在这里"。著者特别强调"战友之间的爱"，认为"即使完全不提到那战斗的目的和理想，单抽出那已经由共同战斗而结成的友爱的情感和方式来看，都已经比一般友爱更坚实，也更逼近一步理性和艺术所要求的人类爱了"。这种爱的强调给人喜悦和力量。

　　这些可以说是著者所认为的"科学的历史方法和历史真理"。这种历史方法和历史真理自然并非著者的发见，然而他根据自己经验的"乡风与市风"，经过自己的切实的思索，铸造自己严密的语言，便跟机械的公式化的说教大相径庭，而成就了他的创作。书中文字虽然并没有什么系统似的，可是其中的思想却是严密的，一贯的。而弥漫着那思想的还有那一贯的信心，著者在确信他所说的每一句话。你也许觉得他太功利些：他说的"怀古之情也是一种古的情感"，他说的对于将来的"做梦似的幻想"，他说的"虚无的'超利害'的幻想"不免严酷了些；他攻击那"厌世的个人主义"或玩世主义，也不免过火了些。可是你觉得他有他的一贯的道理，他在全力的执着这道理，而凭了这本书，你就简直挑不出他的错儿。于是你不得不彷徨着、苦闷着。这就见出这本书的影响、的力量。著者所用的语言，其实也只是常识的语言，但经过他的铸造，便见得曲折、深透，而且亲切。著者是个诗人，能够经济他的语言，所以差不多每句话都有分量；你读的时候不容易跳过一句两句，你引的时候也很难省掉一句两句。文中偶然用比喻，也新鲜活泼，见出诗人的本色来。本文所以多引原书，就因为原书的话才可以表现著者的新作风，因而也更可以表现著者的真自己。这种新作风不象小品文的轻松、幽默，可是保持着亲切；没有讽刺文的尖锐，可是保持着深刻，而加上温暖；不象长篇议论文的明快，可是不让它的广大和精确。这本书确是创作，确在充分的展开了杂文的新机能，但是一般习惯了明快的文字的人，也许需要相当大的耐心，才能够读进这本书去。

甚么是宋诗的精华

——评石遗老人（陈衍）评点《宋诗精华录》①

　　本书仿严羽、高棅的办法，分宋诗为初盛中晚四期，每期的诗为一卷。第一卷选诗三十九家，一百十七首，其中近体九十六首。第二卷选诗十八家，二百三十九首，其中近体一百六十四首。第三卷选诗三十二家，二百十二首，其中近体一百八十六首。第四卷选诗四十家，一百二十二首，其中近体一百零二首。全书共选诗一百二十九家，六百九十首，其中近体五百四十八首，占百分之七十九强，可见本书重心所在。自序云：

---

　　① 商务印书馆出版。

如近贤之祧唐宗宋，祈向徐仲车、薛浪语诸家，在八音率多土木，甚且有土木而无丝竹金革。焉得命为"律和声""八音克谐"哉！故本鄙见以录宋诗，窃谓宋诗精华乃在此而不在彼也。

开宗明义，便以近体为主。所谓"宋诗精华在此而不在彼"，可以就音律而言，也可以就宋诗全体而言。照前说，老人的意见似乎和傅玉露相近；傅氏为张景星等《宋诗百一钞》（《宋诗别裁》）作序，有云："宫商协畅，何贵乎腐木湿鼓！"不过傅氏就宋诗论宋诗，老人却要矫近贤之弊，用意各不相同罢了。照后一说，便有可商榷处。从前翁方纲选宋人七律，以为宋人七律登峰造极。本书所录七绝最多，七律次之；多选七律，也许与翁氏见解相同。多选七绝，却是老人的创举。他说过：

今人习于沈归愚先生各别裁集之说，以为七言绝句必如王龙标、李供奉一路，方为正宗；以老杜绝句在盛唐为独创一格，变体也。……沈归愚墨守明人议论故耳。（《石遗室诗话》，商务本，卷三，八叶。）

老人此说，也有所本。近人是宋湘，老人已自言之（即在引文中，文繁，从略）。再远还有叶燮，他在《原诗》中说：

> 杜七绝轮囷奇矫，不可名状，在杜集中另是一格，宋人大概学之。宋人七绝，大约学杜者十六七，学商隐者十三四。

又说：

> 宋人七绝，种族各别，然出奇入幽，不可端倪处，竟有轶驾唐人者。若必曰唐，曰供奉，曰龙标以律之，则失之矣。

看了这些话，老人的多选七绝也就不足怪了。

可是若说宋诗精华专在近体，古体又怎样呢？王士禛《古诗选》录五古以选体为主，唐代只收陈、李、韦、柳而不收杜，似乎还是明人见解。七古却以为自杜以后，尽态极妍，蔚为大国，所收直到元代的虞集、吴渊颖为止。可是所选的诗似乎偏重妥帖敷愉一种，排奡者颇少。

这是《宋诗钞》序所谓"近唐调"者。选宋人七古而求其"近唐调"，那么，选也可，不选也可。但是宋人古体的长处似乎别有所在，所谓"妥帖""排奡"，大概得之。五七古多如此，而七古尤然。这自然从杜、韩出，但五言回旋之地太少，不及七言能尽其所长，所以七古比五古为胜。我们可以说这些诗都在散文化，或说"以文为诗"。不过诗的意义，似乎不该一成不变，当跟着作品的变化而渐渐扩展。"温柔敦厚"固是诗，"沈着痛快"也是诗。《宋诗钞》似乎只选后一种，致为翁方纲所诋。他在《石洲诗话》中说，《宋诗钞》所选古诗实足见宋诗真面目，虽然不免有粗犷的。石遗老人论古诗，重在结想"高妙"（《诗话》十二叶）。本书所选，侧重在立意新妙，合于所论。但工于形容，工于用事，工于组织，都是宋人古体诗长处，似乎也难抹煞不论。宋人近体自"江西派"以来，有意讲求句律，也许较古体精进些；可是古体也能发挥光大，自辟门户，若以精华专归近体，似乎不是公平的议论。我想老人论古诗语，原依白石《诗说》立言，并非盱衡全局。至于选录宋诗，原是偏主近体之音律谐畅者，以矫时贤之弊；古体篇幅太繁，若面面顾到，怕将成为庞然巨帙，所以只从结想"高妙"者着手。序中"精华"云云，想是只就近体说，一时兴到，未及深思，便成歧义了。

本书分期，颇为妥帖自然。向来论宋诗的，已经约略有此界画，老人不过水到渠成，代为拈出罢了。至于选录标准，可于评点及圈点中见出。本书评点扼要，于标示宗旨和指导初学，都甚方便。大抵首重吐属大方。此事关系修养，不尽在诗功深浅上。如评钱惟演《对竹思鹤》云："有身分，是第一流人语。"（一·一）陈与义《次韵乐文卿北园》云："五六濡染大笔，百读不厌。"（三·一）苏轼《和子由踏青》云："不甚高妙景物，名大家能写得恰如分际，小名家则非雅事不肯落笔矣。"（二·二〇）这都说的是胸襟广阔，能见其大。又评黄鲁直《宿旧彭泽怀陶令》云："古人命名，未尝非用意有在。但专就名字上着笔，终近小巧。"（二·二三）《题竹石牧牛》云："用太白《独漉篇》调甚妙，但须少加以理耳。"（二·二六）按此处语太简略，其详见《诗话》十七（一叶），以为如诗语"何其厚于竹而薄于石"，未免巧而伤理了。又评陈师道《妾薄命》云："二诗比拟，终嫌不伦。"（二·二九）《放歌行》第一首云："终嫌炫玉。"（二·三〇）所谓"不伦"，当是说得太亲昵，失了身分之意。又评乐雷发《送丁少卿自桂帅移镇西蜀》云："如用'瑞露'等字，终嫌小方。"又评文同《此君庵》云："谚所谓'巧言不如直道'"，这是墨守明人议论的所不敢说的。老人不甚喜欢禅语；评饶节云："诗多禅语，非浅尝者比，然兹所不录。"（三·八）又评苏轼《百步洪》云："坡公喜以禅语作达，数见无味。此诗就眼前篙眼指点出，真非钝根人所及矣。"（二·一四）老人能够领略非浅尝的禅语而不喜东坡以禅语作达，大约也是觉得他太以此自炫了。至于不选饶节禅语之作，或因禅太多而诗太少之故。不过禅学影响于诗甚大，有人说黄山谷的新境界全是禅学本领。这层似尚值得详论。大方不但指思想，也指才力。书中评严羽云："沧浪有诗话，论诗甚高，以禅为喻。而所造不过如此。专宗王、孟者，囿于思想，短于才力也。"（四·六）老人论诗，所以不主一格。他说过："知同体之善，忘异量之美，皆未尝出此。"（《诗话》十二，一叶）评秦观《春日》五首之一云："遗山讥'有情'二语为'女郎诗'。诗者，劳人、思妇公共之言，岂能有雅颂而无国风，绝不许女郎作诗耶？"（二·三三）

　　大方而外，真挚与兴趣也是本书选录的标准。评苏舜钦《哭曼卿》云："归来句是实在沈痛语。"（一·一一）评梅尧臣《悼亡》之三云："情之所钟，不免质言，虽过当，无伤也。"（一·一三）《殇小女称称》

之二云："末十字苦情写得出。"（一·一六）评黄鲁直
《次韵吴宣义三径怀友》云："末四句沈痛。"（二·二四）
《次韵文潜》云："沉痛语一二敌人千百。"（二·二八）
评陈师道《妾薄命》之一云："沈痛语，可以上接顾长
康之于桓宣武。"（二·二九）评陆游《沈氏小园》等作
云："古今断肠之作，无如此前后三首者。"（三·二八）
这都是真挚之作。语不真挚而入选者也有，那必是别有
可取处。评王安石《寄阙下诸父兄兼示平甫兄弟》云：
"虽非由衷之言，而说来故自动听。"（二·四）黄鲁直
《次韵子瞻武昌西山》云："并子瞻于次山，付诸一慨，
此时境地同也。"（二·二五）评尤袤《送吴待制守襄
阳》云："酬应之作，然三四六语有分寸。"（三·一三）
都可见。评黄鲁直《题伯时画严子陵钓滩》云："此兴
到语耳。"（二·二五）《病起荆江亭即事》十首之一
云："兴会之作。"（二·二六）老人并不特别看重仜兴
之作，《诗话》三有评说（四叶），所以此二诗评语也只
轻描淡写出之。但于蔡襄、欧阳修、苏轼、陆游梦中四
诗（一·六；一·九；二·一一；三·二七），却极端推
重，以为"如有神助"，甚至说"四诗之高妙为四君生平
所未曾有"。（三·二七）欧作确奇，而一句一意，没有
多少组织的工夫。陆作贴切便利，"自然"可喜。苏作

可称"兴会"。蔡作句奇意不奇。老人推许似乎太过了些。这和他论王安石诗，以"柳叶鸣蜩暗绿"二首压卷（二·六），同是难解。又评穆修《贵侯园》云："善戏谑兮，不为虐兮。"（一·八）孔武仲《瓜步阻风》云："第二句甚趣。"（二·三七）杨万里《题钟家村石崖》云："末七字使人失笑。"（三·二一）诗杂诙谐，杜甫晚年作品实开风气（胡适之先生《白话文学史》说）。宋人颇会学他。老人也赏识这一种的。

自来论诗文，都重模拟。死的模拟，所谓画死人坐像，不足重；重在能变化，能以故为新，所谓脱胎换骨的便是。本书评语往往指出诗句蓝本；其按而不断者都是能变化的。这种评语不但有助于诗的多义，兼能指点初学的人。有时也指出死模拟的句子，告诉人不可学。评陈师道《赠欧阳叔弼》云："末二句学杜而得其皮者，切不可学"（三·三〇——三一）。但评陈与义《再登岳阳楼感赋》云："五六学杜而得其骨者。"（三·二）得皮是死，得骨便活了，避熟就生也是活法，也是变。评苏舜钦《中秋夜吴江亭上对月怀前宰张子野及寄君谟蔡大》云："望月怀人语数见不鲜矣，此作颇能避熟就生。"（一·一一）变化其实也是创新；纯粹的创新是可遇而不可求的。评王安石《壬辰寒食》云，"起十字无穷生清新。"（二·四）苏轼《题西林壁》云："此诗有新思想，似未经人道过。"（二·一三）杨万里《池口移舟入江再泊十里头潘家湾阻风不止》云："写逆风全就江水西流著想，惊人语乃未经人道矣。"（三·一九——二〇）诚斋诗中，新境较多，但时流于巧；巧就不大方了。老人评徐照《柳叶词》云："新巧而已"，也不满意于那巧味。书中于用字，造句，押韵，也偶然评及。用字如陈师道《和李使君九日登戏马台》云："三四加'堪'字'更'字，便不陈旧。"（二·三二）这也是变。又如文同《北斋雨后》云："'占'字'寻'字下得切。"（二·三六）造句如黄鲁直《宿旧彭泽怀陶令》云："铸词有极工处。"（二·二三）唐庚、张求诗云："工于造句。"（三·一〇）押韵如楼钥《求仲抑招游山归途遇雨》云："押'及'韵如抛砖落地，从《左氏传》'师何及'句来。"（三·五）都颇精当。只有辩黄鲁直《醇遂得蛤蜊复索舜泉》诗中"前"字韵诸语（二·二二——二三），未免牵强附会。其实那"前"字与"边"字同意，并无趁韵之嫌；"世人借口"，未知何指，似不足辩。书中尤重章句组织。评古诗常有"辞费"之语。如梅尧臣名作《范饶州坐中客语食河豚鱼》云："此诗绝佳者，实只首四句，余皆词费。然所谓探骊得珠，其余鳞爪之物，听之而已。"

（一·一二）组织工者曰"健"，就是"经济的"之意。句健易，全诗健难。老人评苏轼《王维吴道子画》云："大凡名大家诗，每篇必有一二惊人名句，全篇方镇压得住；其鳞爪之处，亦不处处用全力也。"（二·八）这是为名大家辩护，实在是组织不容易。近体也如此，所以古今诗话，摘句者多，录全篇者少。《石遗室诗话》中论此最精云：

> 作近体诗，患在意不足。如七律诗八句，奈无八句之意，则空滑搪塞，无所不至矣。但果是作手，尚张罗得来，八句中有两三句三四句可味，余亦可观耳。意有余，而后如截奔马，如临水送将归，非施手段善含蓄不可。意仅足，则剗鹚归棹，故作从容，故有余地，工于作态而已。（《诗话》十一叶）

书中评近体诸作，不大说及组织，实因全美的少，一一指疵，未免太烦。只有组织特别者才有说明。评郑文宝《阙题》云："案此诗首句一顿，下三句连作一气说，体格独创。唐人中唯太白'越王勾践破吴归'一首，前三句一气连说，末句一扫而空之。此诗异曲同工，善于变化。"（一·二）陈师道《春怀示邻里》云："此诗另是一种结构，似两绝句接成一律。"（二·三二）杨万里《题沈子寿旁观录》云："倒戟而入作法。"（三·一九）这三首诗若不细加吟味，是会囫囵看过的。

　　书中选录的诗甚有别裁，而且宋人诗话中称道的，和有关诗家掌故的作品，大抵也都在选中。读此书如在大街上走，常常看见熟人。评论诗家，如王安石（二·六）、苏轼（二·一六）、黄鲁直（二·二四）、朱熹（三·一二）、陆游（三·二九）、刘克庄（四·一一）等人，语虽简短而能扼要，绝非兴到振笔者可比。至于说诗，更是老人的长处。如说王安石《元丰行》（二·一），《明妃曲》（二·二），抉出用意，鞭辟入里，古今人所未道及。又如黄鲁直《戏作林夫人欸乃歌》之一（二·二三），时序先后，颇不易明，老人一语点破，便觉豁然。评语中也间有附会处，上文论押韵，已举一条。他如评王安石《歌元丰》云："微有杨子幼'豆落为萁'意。"（二·四）细味原诗，却绝无此意。与《元丰行》《后元丰行》不同，只"南山"二字，涉想过远，才有此评；但他自己也不深信，所以只说"微有"。不过书中如此附会处极少。评语中间论改诗。欧阳修《丰乐亭小饮》云："第五句以太守而说游女丑，似未得体，当有以易之。"（一·九）原诗云："看花游女不知丑，古妆野态争花红"，这是诙谐语，与苏轼《于潜女》貌异心同；重在游女之朴真，不在品题美丑。再说诗并非作给游女看，也不是作给州民看，乃是给朋友们看的，既非宣教，何苦以体统相绳呢？又《招许主客》诗五六句云："更扫广庭宽百亩，少容明月放清光"；评云："'少容'若作'多容'，更佳。"明月清光何限？即"横扫广庭宽百亩"，岂能尽容其放开来？说"少容"，是比较的多之意，意曲而趣；改"多容"就未免太"直道"了。

中国文的三种型

——评郭绍虞编著的《语文通论》与 《学文示例》①

　　这两部书出版虽然已经有好几年，但是抗战结束后我们才见到前一部书和后一部书的下册，所以还算是新书。《语文通论》收集关于语文的文章九篇，著者当作《学文示例》的序。《学文示例》虽然题为"大学国文教本"，却与一般国文教本大不相同。前一部书里讨论到中国语文的特性和演变，对于现阶段的白话诗文的发展关系很大，后一部书虽然未必是适用的教本，却也是很有用的参考书。

---

　　①　开明书店出版。

《语文通论》里《中国语词之弹性作用》《中国文字型与语言型的文学之演变》《新文艺运动应走的新途径》《新诗的前途》，这四篇是中心。《文笔再辨》分析"六朝"时代的文学的意念，精详确切，但是和现阶段的发展关系比较少。这里讨论，以那中心的四篇为主。郭先生的课题可以说有三个。一是语词，二是文体，三是音节。语词包括单音词和连语。郭先生"觉得中国语词的流动性很大，可以为单音同时也可以为复音，随宜而施，初无一定，这即是我们所谓弹性作用"（二面）。他分"语词伸缩""语词分合""语词变化""语词颠倒"四项，举例证明这种弹性作用。那些例子丰富而显明，足够证明他的理论。笔者尤其注意所谓"单音语词演化为复音的倾向"（四面）。笔者觉得中国语还是单音为主，先有单音词，后来才一部分"演化为复音"，商朝的卜辞里绝少连语，可以为证。但是这种复音化的倾向开始很早，卜辞里连语虽然不多，却已经有"往来"一类连语或词。《诗经》里更有了大量的叠字词与双声叠韵词。连语似乎以叠字与双声叠韵为最多，和六书里以形声字为最多相似。笔者颇疑心双声叠韵词本来只是单音词的延长。声的延长成为双声，如《说文》只有"蟋"字，后来却成为"蟋蟀"；韵的延长成为叠韵，如"消摇"，也许本来只说"消"一个音。书中所举的"玄黄""犹与"等双声连语可以自由分用（二三面），似乎就是从这种情形来的。

但是复音化的语词似乎限于物名和形况字，这些我们现在称为名词、形容词和副词；还有后世的代词和联结词（词类名称，用王了一先生在《中国现代语法》里所定的）。别的如动词等，却很少复音化的。这个现象的原因还待研究，但是已经可以见出中国语还是单音为主。本书说"复音语词以二字连缀者为最多，其次则三字四字"（三面）。双声叠韵词就都是"二字连缀"的。三字连缀似乎该以上一下二为通例。书中举《离骚》的"忳郁邑余侘傺兮"，并指出"忳与郁邑同义"（一八面），正是这种通例。这种复音语词《楚辞》里才见，也最多，似乎原是楚语。后来五七言诗里常用它。我们现在的口语里也还用着它，如"乱哄哄"之类。四字连缀以上二下二为主，书里举的马融的《长笛赋》"安翔骀荡，从容阐缓"等，虽然都是两个连语合成，但是这些合成的连语，意义都相近或相同，合成之后差不多成了一个连语。书里指出"辞赋中颇多此种手法"（二〇面），笔者颇疑心这是辞赋家在用着当时口语。现代口语里也还有跟这些相近的，如"死乞白赖""慢条斯理"之类。不过就整个中国语看，究竟是单音为主，二音连语为辅，三四音的语词只是点缀罢了。

郭先生将中国文体分为三个典型，就是"文字型，语言型，与文字化的语言型"（六六面）。他根据文体的典型的演变划分中国文学史的时代。"春秋"以前为诗乐时代，"这是语言与文字比较接近的时代"。文字"组织不必尽同于口头的语言"，却还是"经过改造的口语"；"虽与习常所说的不必尽同，然仍是人人所共晓的语言"。这时代的文学是"近于语言型的文学"（六八——六九面）。古代言文的分合，主张不一；这里说的似乎最近情理。"战国"至两汉为辞赋时代，这是"渐离语言型而从文字型演进的时代，同时也可称是语言文字分离的时代"。郭先生说：

这是中国文学史上一个极重要的时代，因为是语文变化最显著的时代。此种变化，分为两途：其一，是本于以前寡其词协其音，改造语言的倾向以逐渐进行，终于发见单音文字的特点，于是在文学中发挥文字之特长，以完成辞赋的体制，使文学逐渐走上文字型的途径；于是始与语言型的文学不相一致。其又一，是借统一文字以统一语言，易言之，即借古语以统一今语，于是其结果成为以古语为文辞，而语体与文言遂趋于分途。前一种确定所谓骈文的体制，以司马相如的功绩为多；后一种又确定所谓古文的体制，以司马迁的功绩为多。（六九——七〇面）

"以古语为文辞，即所谓文字化的语言型"（七一面）。这里指出两路的变化，的确是极扼要的。魏晋南北朝是骈文时代，"这才是充分发挥文字特点的时代"，"是以文字为工具而演进的时代"（七二面）。

"文字型的文学既演进到极端，于是起一个反动而成为古文时代"，隋唐至北宋为古文时代。书中说这是"托古的革新"。"古文古诗是准语体的文学，与骈文律诗之纯粹利用文字的特点者不同。"南宋至现代为语体时代，"充分发挥语言的特点"，"语录体的流行，小说戏曲的发展，都在这一个时代，甚且方言的文学亦以此时为盛。"这"也可说是文学以语言为工具而演进的时代"（七三——七四面）。语体时代从南宋算起，确是郭先生的特见。他觉得：

有些文学史之重在文言文方面者，每忽视小说

与戏曲的地位；而其偏重在白话文方面者，又抹煞
了辞赋与骈文的价值。前者之误，在以文言的余波
为主潮；后者之误，又在强以白话的伏流为主潮。
（七四面）

这是公道的评论。他又说"中国文学的遗产自有可以接
受的地方，（辞赋与骈文）不得仅以文字的游戏视之"；
而"现在的白话文过度的欧化也有可以商榷的地方，至
少也应带些土气息，合些大众的脾胃"。他要白话文"做
到不是哑巴的文学"（七五面）。书中不止一回提到这两
点，很是强调，归结可以说是在音节的课题上。他以为
"运用音节的词，又可以限制句式之过度欧化"（一一二
面），这样"才能使白话文显其应用性"（一一七面）。他
希望白话文"早从文艺的路走上应用的路"，"代替文言
文应用的能力"，并"顾到通俗教育之推行"（八九面）。
笔者也愿意强调白话文"走上应用的路"。但是郭先生在
本书自序的末了说：

　　我以为施于平民教育，则以纯粹口语为宜；用
于大学的国文教学，则不妨参用文言文的长处；若
是纯文艺的作品，那么即使稍偏欧化也未为不可。

（自序四面）

这篇序写在三十年。照现在的趋势看，白话文似乎已经减少了欧化而趋向口语，就是郭先生说的"活语言""真语言"（一〇九面），文言的成分是少而又少了。那么，这种辨别雅俗的三分法，似乎是并不需要的。

郭先生特别强调"中国文学的音乐性"，同意一般人的见解，以为欧化的白话文是"哑巴文学"。他对中国文学的音乐性是确有所见的。书中指出古人作文不知道标点分段，所以只有在音节上求得句读和段落的分明；骈文和古文甚至戏剧里的道白和语录都如此，骈文的匀整和对偶，古文句子的短，主要的都是为了达成这个目的。而这种句读和段落的分明，是从诵读中觉出（三八——三九面，又自序二——三面）。但是照晋朝以来的记载，如《世说新语》等，我们知道诵读又是一种享受，是代替唱歌的。郭先生虽没有明说，显然也分到这种情感。他在本书自序里主张"于文言取其音节，于白话取其气势，而音节也正所以为气势之助"（三面），这就是"参用文言文的长处"。书中称赞小品散文，不反对所谓"语录体"，正因为"文言白话无所不可"（一〇四—— 一〇八面），又主张白话诗"容纳旧诗词而仍成新格"（一三二面），都是所谓"参用文言文的长处"。但是小品文和语录体都过去了，白话诗白话文也已经不是"哑巴文学"了。自序中说"于白话取其气势"，在笔者看来，气势不是别的，就是音节，不过不是骈文的铿锵和古文的吞吐作态罢了。朗诵的发展使我们认识白话的音节，并且渐渐知道如何将音节和意义配合起来，达成完整的表现。现在的青年代已经能够直接从自己唱和大家唱里享受音乐，他们将音乐和语言分开，让语言更能尽它的职责，这是一种进步。至于文言，如书中说的，骈文"难懂"，古文"只适宜于表达简单的意义"（三九面）；"在通篇的组织上，又自有比较固定的方法，遂也不易容纳复杂的思想"（自序三面）。而古诗可以用古文做标准，律诗可以用骈文做标准。那么，文言的终于被扬弃，恐怕也是必然的罢。

《语文通论》里有一篇道地的《学文示例序》，说这部书"以技巧训练为主而以思想训练为辅"，"重在文学之训练"，兼选文言和白话，散文和韵文，"其编制以例为纲而不以体分类"，"示人以行文之变化"（一四五——一四九面）。全书共分五例：

一、评改例，分摘谬、修正二目，其要在去文章之病……。二、拟袭例，分摹拟、借袭二目，摹拟重在规范体貌，借袭重在点窜成言，故又为根据旧作以成新制之例。三、变翻例，分译辞、翻体二目，或移译古语，或隐括成文，这又是改变旧作以成新制之例。四、申驳例，分续广、驳难二目，续广以申前文未尽之意，驳难以正昔人未惬之见，这又重在立意方面，是补正旧作以成新制之例。五、镕裁例，此则为学文最后工夫，是摹拟而异其形迹，出因袭而自生变化，或同一题材而异其结构，或异其题材而合其神情，……这又是比较旧作以启迪新知之例。（一四九——一五〇面）

郭先生编《学文示例》这部书，搜采的范围很博，选择的作品很精，类列的体例很严，值得我们佩服。书中白话的例极少，这是限于现有的材料，倒不是郭先生一定要偏重文言；不过结果却成了以训练文言为主。所选的例子大多数出于大家和名家之手，精诚然是精，可是给一般大学生"示例"，要他们从这里学习文言的技巧，恐怕是太高太难了。至于现在的大学生有几个乐意学习这种文言的，姑且可以不论。不过这部书确是"一种新的编制，新的方法"，如郭先生序里说的。近代陈曾则先生编有《古文比》，选录同体的和同题的作品，并略有评语。这还是"班、马异同评"一类书的老套子，不免简单些。战前郑奠先生在北京大学任教，编出《文镜》的目录，同题之外，更分别体制，并加上评改一类，但是也不及本书的完备与变化。这《学文示例》确是一部独创的书。若是用来启发人们对于古文学的欣赏的兴趣，并培养他们欣赏的能力，这是很有用的一部参考书。

（《清华学报》）

现代人眼中的古代

——介绍郭沫若著《十批判书》

　　约莫十年前，冯友兰先生提出"释古"作为我们研究古代文化的态度。他说的"释古"，是对向来的"尊古""信古"和近代的"疑古"而言，教我们不要一味的盲信，也不要一味的猜疑，教我们客观的解释古代。但这是现代人在解释，无论怎样客观，总不能脱离现代人的立场。即如冯友兰先生的《中国哲学史》的分期，就根据了种种政治、经济、社会的变化，而不象从前的学者只是就哲学谈哲学，就文化谈文化。这就是现代人的一种立场。现代知识的发展，让我们知道文化是和政治、经济、社会分不开的，若将文化孤立起来讨论，那就不能认清它的面目。但是只求认清文化的面目，而不去估量它的社会的作用，只以解释为满足，而不去批判它对人民的价值，这还只是知识阶级的立场，不是人民的立场。

有些人看到了这一点，努力的试验着转换立场来认识古代，评价古代。中国古代社会史论战就是这样开始的。这大概是二十五年前的事了。但是这个试验并不容易，先得对古代的记录有一番辨析和整理工夫，然后下手，才能有些把握，才不至于曲解，不至于公式化。而对人民的立场，也得多少经过些实际生活的体验，才能把握得住；若是只凭空想，也只是公式化。所以从迷信古代、怀疑古代到批判古代，中间是得有解释古代这一步工作才成。这一步工作，让我们熟悉古代文化，一点一滴的将它安排在整个社会来看。我们现在知道若是一下子就企图将整个古代文化放在整个社会机构里来看，那是不免于生吞活剥的。

说到立场，有人也许疑心是主观的偏见而不是客观的态度，至少也会妨碍客观的态度。其实并不这样。我们讨论现实，讨论历史，总有一个立场，不过往往是不自觉的。立场大概可别为传统的和现代的；或此或彼，总得取一个立场，才有话可说。就是听人家说话，读人家文章，或疑或信，也总有一个立场。立场其实就是生活的态度；谁生活着总有一个对于生活的态度，自觉的或不自觉的。对古代文化的客观态度，也就是要设身处地理解古人的立场，体会古人的生活态度。盲信古代是将自己一代的愿望投影在古代，这是传统的立场。猜疑古代是将自己一代的经验投影在古代，这倒是现代的立场。但是这两者都不免强古人就我，将自己的生活态度，当作古人的生活态度，都不免主观的偏见。客观的解释古代，的确是进了一步。理解了古代的生活态度，这才能亲切的做那批判的工作。

中国社会史论战结束的时候，郭沫若先生写成了他的《中国古代社会研究》。这是转换立场来研究中国古代的第一部系统的著作，不但"博得了很多的读者"，也发生了很大的影响。抗战以来的许多新史学家，似乎多少都曾受到这部书的启示。但是郭先生在《十批判书》里，首先就批判这部书，批判他自己。他说：

> 我首先要谴责自己。我在一九三〇年发表了《中国古代社会研究》那一本书，虽然博得了很多的读者，实在是太草率，太性急了。其中有好些未成熟的或甚至错误的判断，一直到现在还留下相当深刻的影响。有的朋友还沿用着我的错误的征引，

而又引到另一错误的判断，因此关于古代的面貌，引起了许多新的混乱。

我们相信这是他的诚实的自白。

但是他又说：

关于秦以前的古代社会的研究，我前后费了将近十五年的工夫，现在是能达到了能够作自我批判的时候，也就是说能够作出比较可以安心的序说的时候。

我们也相信这是他的诚实的自白。在《后记》里又说：

秦汉以前的材料，差不多我彻底剿翻了。考古学上的，文献学上的，文字学，音韵学，因明学，就我所能涉猎的范围内，我都作了尽我可能的准备和耕耘。

有了上段说的"将近十五年的工夫"和这儿说的"准备和耕耘"，才能写下这一部《十批判书》。

最重要的，自然还是他的态度。《后记》里也说得明白：

> 批评古人，我想一定要同法官断狱一样，须得十分周详，然后才不致冤曲。法官是依据法律来判决是非曲直的，我呢是依据道理。道理是什么呢？便是以人民为本位的这种思想，合乎这种道理的便是善，反之便是恶。我之所以比较推崇孔子和孟轲，也因为他们的思想在各家中是比较富于人民本位的色彩的。

这"人民本位"的思想，加上郭先生的工夫，再加上给了他"精神上的启蒙"的辩证唯物论，就是这一部《十批判书》之所以成为这一部《十批判书》。

十篇批判，差不多都是对于古代文化的新解释和新评价，差不多都是郭先生的独见。这些解释和评价的新处，《后记》中都已指出。郭先生所再三致意的有两件事：一是他说周代是奴隶社会而不是新意义的封建社会。二是他说"在公家腐败，私门前进的时代，孔子是扶助私门而墨子是袒护公家的"。他"所见到的孔子是由奴隶社会变为封建社会的那个上行阶段中的前驱者"，而墨子"纯全是一位宗教家，而且是站在王公大人立场的人"。

这两层新史学家都持着相反的意见，郭先生赞同新史学家的立场或态度，却遗憾在这两点上彼此不能相同。我们对于两造是非很不容易判定。但是仔细读了郭先生的引证和解释，觉得他也是持之有故，言之成理的。在后一件上，他似乎是恢复了孔子的传统地位。但这是经过批判了的，站在人民的立场上重新估定的，孔子的价值，跟从前的盲信不能相提并论。

联带着周代是奴隶社会的意见，郭先生并且恢复了传统的井田制。他说"施行井田的用意"，"一是作为榨取奴隶劳力的工作单位，另一是作为赏赐奴隶管理者的报酬单位"。他说：

> 井田制的破坏，是由于私田的产生，而私田的产生，则由于奴隶的剩余劳动之尽量榨取。这项劳动便是在井田制的母胎中破坏了井田制的原动力！

这里用着辩证唯物论，但我们不觉得是公式化。他以为《春秋》宣公十五年"初税亩"三个字"确是新旧两个时代的分水岭"，"因为在这时才正式的承认了土地的私有"。"这的确是井田制的死刑宣布，继起的庄园制的汤饼会。"

传统之所以为传统，有如海格尔所说"凡存在的总是有道理的"。我们得研究那些道理，那些存在的理由，一味的破坏传统是不公道的。郭先生在新的立场上批判的承认了一些传统，虽然他所依据的是新的道理，但是传统的继续存在，却多少能够帮助他的批判，让人们起信。因为人们原就信惯了这些传统，现在意义虽然变了，信起来总比较崭新的理论容易些。郭先生不但批判的承认了一些传统，还阐明了一些，找补了一些。前者如"吕不韦与秦王政"，阐明"秦始皇与吕不韦，无论在思想上同政见上，完全是立于两绝端"。"吕不韦是代表着新兴阶层的进步观念，而企图把社会的发展往前推进一步的人，秦始皇则相反，他是站在奴隶主的立场，而要把社会扭转。"这里虽然给予了新评价，但秦始皇的暴君身分和他对吕不韦找冲突，是传统里有的。

　　后者如儒家八派，稷下黄老学派，以及前期法家，都是传统里已经失掉的一些连环，郭先生将它们找补起来，让我们认清楚古代文化的全貌，而他的批判也就有了更充实的根据。特别是稷下黄老学派，他是无意中在《管子》书里发现了宋钘、尹文的遗著，因而"此重要学派重见天日，上承孔、墨，旁逮孟、庄，下及荀、韩，均可得其联锁"。他又"从《墨经》上下篇看出了墨家辩者有两派的不同"："上篇盈坚白，别同异"，"下篇离坚白，合同异"。"这个发现在《庄子》以后是为前人所从未道过的"。对于名家辩者的一些"观念游戏"或"诡辞"，他认为必然有它们的社会属性。如惠施的"山渊平，天地比"，"是晓示人民无须与王长者争衡"，高低原只是相对的。又如公孙龙的"白马非马"，可以演绎为"暴人非人"，那么杀暴人非杀人，暴政就有了借口。

　　郭先生的学力，给他的批判提供了充实的根据，他的革命生活，亡命生活和抗战生活，使他亲切的把握住人民的立场。他说"现在还没有达到可以下结论的时候，自然有时也不免要用辩论的笔调"。他的辩论的笔调，给读者启示不少。他"要写得容易懂"，他写得确是比较容易懂；特别是加上那带着他的私人情感的《后记》，让人们更容易懂。我推荐给关心中国文化的人们，请他们都读一读这一部《十批判书》。

（《大公报》，三十六年。）

今天的诗

——介绍何达的诗集《我们开会》

多少年来大家常在讨论诗的道路，甚至于出路。讨论出路，多少是在担心诗没有出路，其实诗何至于没有出路呢？抗战以后，诗又象五四时代流行起来了，出路似乎可以不必担心了，但是什么道路呢？什么方向呢？大家却还看不准。抗战结束了，开始了一个更其动乱的时代。这时代需要诗，更其需要朗诵诗。三年了，生活越来越尖锐化，诗也越来越尖锐化。不论你伤脑筋与否，你可以看出今天的诗是以朗诵诗为主调的，作者主要的是青年代。所谓以朗诵诗为主调，不是说只有朗诵诗，或诗都能朗诵，我们不希望诗的道路那么窄。这只是说朗诵以外的诗，除掉不为了朗诵，不适于朗诵之外，态度和朗诵诗是一致的，这却也不是说这些诗都是从朗诵诗蜕变的，它们和朗诵诗起先平行发展，后来就归到一条路上来了，因为大家的生活渐渐归到一条路上来了。

闻一多先生在《文学的历史动向》里论到"新诗的前途"，说"至少让它多象点小说戏剧，少象点诗"。现在的朗诵诗有时候需要化装，确乎是戏剧化。这种大概是讽刺诗，摹仿口气也需要摹仿神气，所以宜于化装。但是更多的朗诵诗是在要求行动，指导行动，那就需要散文化，杂文化，说话化，也就不象传统的诗。根本的不同在于传统诗的中心是"我"，朗诵诗没有"我"，有"我们"，没有中心，有集团。这是诗的革命，也可以说是革命的诗。本集的作者何达同学指出今天青年代的诗都在发展这个"我们"而扬弃那个"我"，不管朗诵不朗诵。他的话大概是不错的。这也可以说是由量变到质变的路。田间先生最先走上这条路。后来象绿原先生《童话》里《这一次》一首里：

我们召唤

……

我们将有

一次象潮水的集合

象鲁藜先生《醒来的时候》里《青春曲》一首里：

　　　　春天呀，

　　　　你烧灼着太行山，

　　　　你烧灼着我们青春的胸部呀！

也都表示着这种进展。

　　近来青勃先生的《号角在哭泣》里有一首《叩》，
第二段是：

　　　　人民越来越多

　　　　紧闭的门外

　　　　人民的愤怒

　　　　一秒钟比一秒钟高扬

　　　　人民的力量

　　　　一秒钟比一秒钟壮大

　　　　等他们

　　　　在门外爆炸

　　　　一片宫殿便会变成旷场

作者是在这"人民"之中的，"人民"其实就等于"我们"了。传统诗有"我"，所以强调孤立的个性，强调独特的生活，所以有了贵族性的诗人。青年代却要扬弃这种诗人。何达在《我们不是"诗人"》里说：

> "诗人"们啊
>
> 你们的灵魂发酸了
>
> 你们玩弄着自己的思想
>
> 别人玩弄着你们的语言
>
> 闲着两只手
>
> 什么也不做
>
> ——滚你们的蛋吧！

诗人做了诗人，就有一个诗人的圈子将他圈在里头。不论他歌唱的是打倒礼教，人道主义，爱和死，享乐和敏感，或是折磨和信仰，却总是划在一道圈子里，躲在一个角落里，不能打开了自己，不能象何达说的"火一样地公开了自己"（《无题》）。这种诗人的感兴和主题往往是从读书甚至于读诗来的。读书或读诗固然是生活，但是和衣、食、住的现实生活究竟隔了一层。目下大家得在现实生活里挣扎和战斗。所以何达说：

我们的诗

只是铁匠的

　　　　"榔头"

木匠的

　　　"锯"

农人的

　　　"锄头"

士兵的

　　　"枪"（《我们不是"诗人"》）

这样抹掉了"诗人"的圈子，走到人民的队伍里，用诗做工具和武器去参加那集体的生活的斗争，是现在的青年代。

　　"我们"替代了"我"，"我们"的语言也替代了"我"的语言。传统的诗人要创造自己的语言，用奇幻的联想创造比喻或形象，用复杂而曲折的组织传达情意，结果是了解和欣赏诗的越来越少。所以现在的诗的语言第一是要回到朴素，回到自然。这却并不是回到传统的民间形式，那往往落后的贫乏而浮夸的语言。这只是回到自己口头的语言，自己的集团里的说话。有时候从生活的接触里学习了熟悉了别的集团的说话，也在适当的机会里使用着。总而言之，诗是一种说话，照着嘴里说得出的，至少说起来不太别扭的写出来，大概没有错儿。新鲜的形象还是要的，经济的组织也还是要的，不然就容易成为庸俗的，散漫的东西。但是要以自己的说话做标准，要念起来不老是结结巴巴的，至少还要自己的集团里的人听起来一听就懂。换句话说，诗的语言总要念得上口才成。许多青年人的诗已经向着这个方向走。这就是朴素和自然。但是诗既然分了行，到底是诗，自然尽管自然，匀称还是要匀称的，不过不可机械化就是了。自然和朴素使得诗行简短，容易集中些，容易完整些。民间形式里的重叠，若是活泼的变化的应用，也有同样的效果。何达有一首《我们的话》，是简短而"干脆"的话，同时是简短而"干脆"的形象化的诗。

我们要说一种话

干脆得

象机关枪在打靶

一个字一个字

就是那一颗颗

火红的曳光弹

瞄得好准

今天的诗既然以朗诵诗为主调，歌唱的主题自然是差不多的。朗诵诗的主题可以说有讽刺、控诉和行动三个，而强调的是第一个第三个。其他的诗却似乎在强调着第一个第二个。这也是很自然的。朗诵诗诉诸群众，控诉和行动是一拍就合的。其他的诗不能如此，所以就偏向前两个主题上去了。讽刺诗容易夸张而不真切，无论朗诵或默读，往往会弄到只博得人们的一笑，不给留下回味。要能够恰如其分的严肃就好。控诉诗现在似乎集中在农民或农村的纪实——这种苦难和迫害的纪实，实在是些控诉的言词，控诉那帮制造苦难和施行迫害的人，提醒大家对于他们的憎恨。给都市的被压迫者控诉的诗却还不多。本集里的《兵士们的家信》《黄包车夫》《一个少女的经历》提供了一些例子。闻一多先生要让诗"多象点小说戏剧"，这种纪实的控诉的诗，不正有点象小说么？他的预言是不错的。

行动诗在一两年来大学生的各种诗刊里常见，大概都是为了朗诵做的。朗诵诗的作用在讽刺或说教，说服或打气，它诉诸听觉，不容人们停下来多想，所以不宜于多用形象，碎用形象，也不宜于比较平静的纪实。同样的理由，它要求说尽，要求沈著痛快。可是，假如讽刺流于谩骂，夸张到了过火，一发无余，留给听众做的工作就未免太少，也许倒会引起懒惰和疲倦来的。朗诵诗以外其他的诗，那些形象诗和纪实诗是供人默读的，主要的还得诉诸视觉，它们得有新鲜的形象，比朗诵诗更经济的组织，来暗示，让读者有机会来运用想象力。本集里的《我们开会》一首行动诗，朗诵起来效果大概不大，因为不够动的，不够劲的，可是不失为一首好的形象诗，因为表现出来"团结就是力量"。

我们开会

我们的视线

象车辐

　　集中在一个轴心

我们开会

我们的背

都向外

　　砌成一座堡垒

我们开会

我们的灵魂

紧紧地

  拧成一根巨绳

面对着

共同的命运

我们开着会

  就变成一个巨人

"团结就是力量"。何达在《我们不是"诗人"》的结尾说：

我们

要求着

  "工作"

热爱着

  "工作"

需要诗

我们才写诗

需要生命

  就交出

我们的生命

"工作"就是团结，为了团结"交出""生命"，青年代是有着这样自负的。青勃先生说：

> 要死
> 死在敌人的枪弹下
> 把胸膛给兄弟们作桥板（《生死篇》）

鲁藜先生也说：

> 把自己当作泥土吧
> 让众人把你踩成一条道路（《泥土》，《泥土》
> 第一辑）

本集里的《无题》也许可以综合的说明今天的诗：

> 对于这个时代
> 我
> 　是一个"人证"
> 我的诗

是"物证"

这个"我"是"我们"的代言人。的确，诗是跟着时代，又领着时代的。

（《文讯》第八卷第五期，一九四七年。）